品讀文化

菜根譚的智慧

黃方儒 編著

能忍的人
並不是懦夫，
反之，忍是勇敢的，
是有力量的。

苦盡甘來

生活中的挫折未必是壞事，
有時是我們通向成功的階梯。

最有力、最有幫助的，還是

忍辱

「忍」是心上一把刀

從這個字的結構，
也可以看出忍耐的意義。

在人生的道路上受一些災禍，
從整個人生著眼未嘗不是好事。
畏懼恐慌，就不敢胡作非為，
行為就會正派端莊。

三思而行、按事理辦事，
就容易成功。

謹慎就不會輕率馬虎，
行動之前就會更加深思熟慮了。
遇到橫逆磨難應能忍耐，
在平安無事時要想到危難的來臨。

永續圖書線上購物網　讀品文化事業有限公司

WWW.foreverbooks.com.tw　yungjiuh@ms45.hinet.net

POWER系列 37

菜根譚的智慧：苦盡甘來

編　　著　黃方儒
出 版 者　讀品文化事業有限公司
執行編輯　廖美秀
美術編輯　林于婷

社　　址　22103 新北市汐止區大同路三段 194 號 9 樓之 1
TEL／(02)86473663
FAX／(02)86473660
總 經 銷　永續圖書有限公司
劃撥帳號　18669219
地　　址　22103 新北市汐止區大同路三段 194 號 9 樓之 1
TEL／(02)86473663
FAX／(02)86473660
出 版 日　2012年08月
法律顧問　方圓法律事務所　涂成樞律師
CVS代理　美璟文化有限公司
TEL／(02)27239968
FAX／(02)27239668

國家圖書館出版品預行編目資料

菜根譚的智慧：苦盡甘來 / 黃方儒編著.
-- 初版. -- 新北市：讀品文化，民101.08
面；　公分. -- (POWER系列；37)
ISBN 978-986-6070-46-4(平裝)
1.修身
192.1　101011258

苦盡甘來

生活中的挫折未必是壞事，
有時是我們通向成功的階梯。

要培養我們的人格道德，
最有力、最有幫助的，還是忍辱。

「忍」是心上一把刀，
從這個字的解構，
也可以看出忍耐的意義。

在人生的道路上受一些災禍，
從整個人生著眼未嘗不是好事。
畏懼恐慌，就不敢胡作非為，
行為就會正派端莊。

三思而行、按事理辦事，
就容易成功。

陰謀怪習、異行奇能，俱是涉世的禍胎。只一個庸德庸行，便可以完混沌而招和平。

陰謀詭計、怪異的言行、奇怪的技能，這些都是招致災亂的根源。只有平凡的德行和尋常的言行，才可以保持自然與和平。

——明・洪應明《菜根譚》

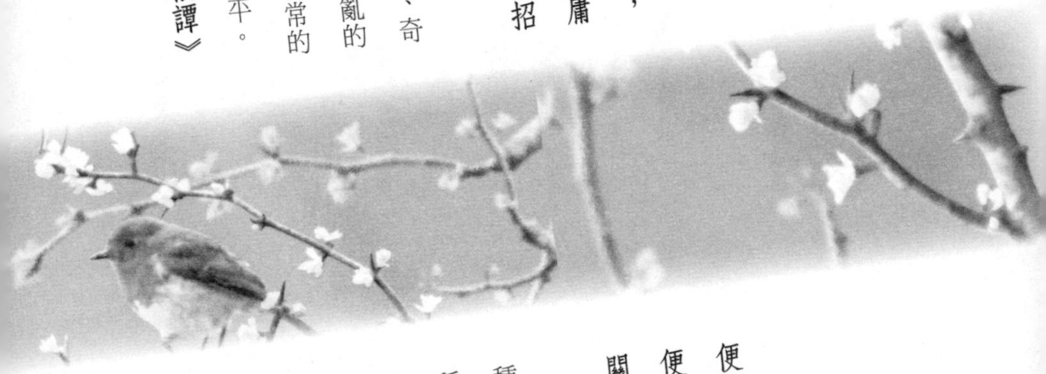

念頭起處，才覺向欲路上去，便挽從理路上來。一起便覺，一覺便轉，此是轉禍為福、起死回生的關頭，切莫當面錯過。

當心中的邪念浮起時，一旦發覺這種邪念有可能走向慾望之路，便立即把這種慾念拉回正路上去。只要壞的念頭一產生就立刻有所警覺，有所警覺就立刻設法來挽救，這才是轉災禍爲幸福、變死亡爲生機的緊要關頭。所以，絕對不可以輕易放過這個機會。

——明・洪應明《菜根譚》

一、欲做精金美玉的人品

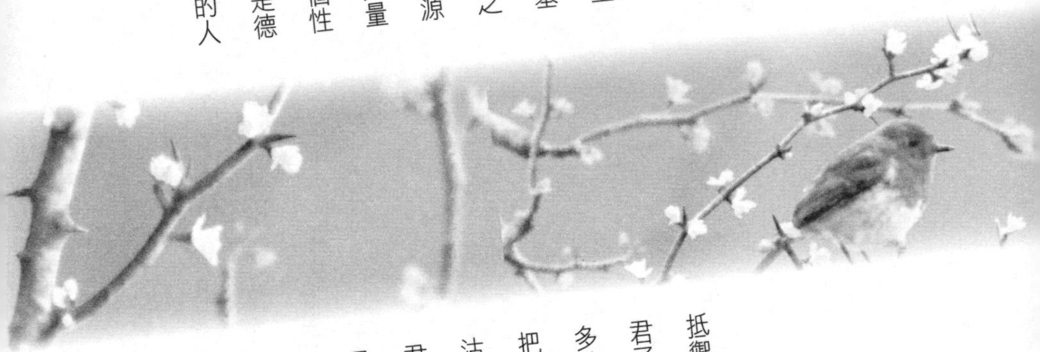

恩裡由來生害，故快意時須早回頭。

身處順境被當政者恩寵徵用，往往會招來禍患。所以，一個人在名利、權位上志得意滿時，應該見好就收，要有急流勇退的保身態度，盡早覺悟。

——明・洪應明《菜根譚》

天之機緘不測，抑而伸、伸而抑，皆是撥弄英雄、顛倒豪傑處。君子只是逆來順受、居安思危，天亦無所用其伎倆矣。

天機的發用實在巧妙，不用說，將來的事情難以測知，就是目前的事情也一樣不得而知。有時先使人陷入窘境，然後又讓人春風得意，有時讓人先得意一番之後，又讓人遭受挫折，這些都是上天有意捉弄自命爲英雄豪傑的人。因此，一個有才德的君子，當不如意時要適應環境，遇到橫逆磨難時應能忍耐，在平安無事時要想到危難的來臨。假如確實能夠做到這樣，就連上天也無法施展捉弄人的伎倆了。

——明・洪應明《菜根譚》

二、快意時須早回頭

一、欲做精金美玉的人品

陰謀怪習、異行奇能，俱是涉世的禍胎。只一個庸德庸行，便可以完混沌而招和平。

——明．洪應明《菜根譚》

念頭起處，才覺向欲路上去，便挽從理路上來。一起便覺，一覺便轉，此是轉禍為福、起死回生的關頭，切莫當面錯過。

——明．洪應明《菜根譚》

學會忍辱負重

《菜根譚》中寫道：「天薄我以福，吾厚吾德以迓之；天勞我以形，吾逸吾心以補之；天扼我以遇，吾亨吾道以通之。天且奈我何哉！」意思是說：假如上天不增多我的福分，我就多做些善事培養品德來對待這種命運；假如上天用勞苦來困乏我的身體，我就用安逸的心情來保養我疲憊的身體；假如上天用窮困來折磨我，我就開闢我的求生之路來打通困境。假如我能做到這些，上天他又能對我怎樣呢？

人之所以異於禽獸，就是講究人格道德；品格是道德的基礎，一個人若對於品格道德都不講究的話，那和禽獸有何差別？當然，培養我們品格道德的方法很多。在傳統的中國文化看來，要培養我們的人格道德，最有力、最有幫助的，還是「忍辱」。

據《菩薩戒經》所載，佛陀在修行的時候，曾經被五百個「健罵丈夫」追逐惡罵，不論佛陀走到哪裡，他們就跟著罵到哪裡，而佛陀的態度是「未曾於彼起微恨心，常具慈悲而用觀察」。這種忍辱精進的修持，終於使佛陀證得了無上菩提。可見，忍辱可以培養良好的品格。

佛陀說：「學道的人，如果不能忍受毀罵，對惡毒攻擊不能如飲甘露，即不能算是學道的人。」我們看「忍」這個字是心上一把刀，從這個字的結構也可以看出忍耐的意義。一個人在平常生活裡，若不培養忍耐的力量，沒有很多的修養，那麼，不要說一把刀插在身上受不了，就是剃頭用的刀片把你腳割破一點，也會受不了而哇哇叫了。

現在很多青年，逞一時匹夫之勇，可為一件小事而拔刀相向；一句閒話往往放在心裡，久久不能消除。沒有忍辱功夫，無論修持、做事都不能達到理想。一句閒話就要計較，一點小小折磨就受不了，這種沒有力量應付不良環境的人，如何能擔當重任和創造事業呢？

《菜根譚》中寫道：「欲做精金美玉的人品，定從烈火中鍛來；思立掀天揭地的事功，須向薄冰上履過。」意思是說：要想追求那種金玉般純潔的品德，必須到轟轟烈烈的事業中去磨煉；要想創立驚天動地的功績，必須到難關險隘中去拚搏。

孟子說：「天將降大任於斯人也，必先苦其心志，勞其筋骨，餓其體膚，空乏其身，行拂亂其所爲。」我們要想成爲未來社會的中堅力量，就要先學忍耐，忍功夫做得到，才能成就宏大的事業。

事實上，能忍的人並不是懦夫，反之，忍是勇敢的，是有力量的；忍是一種犧牲，是一種定力，你能培養這種定力、犧牲的精神，品德才會有增長，事業和人生才能成功。下面的這個故事就詮釋了這一人生哲理：

有一天，一個農夫找到上帝，對他說：「我的神啊，你創造了世界，但是你畢竟不是農夫，我得教你點東西。」

上帝藉著鬍子的遮掩，偷偷笑了，對他說：「那你就告訴我吧！」

「給我一年時間，在這一年裡，按照我所說的去做。我會讓你看見，世界上再也不會有貧窮和飢餓。」

在這一年裡，上帝滿足了農夫所有的要求。沒有狂風暴雨，沒有電閃雷鳴，沒有任何對莊稼有危險的自然災害發生。

當農夫覺得該出太陽了，就會陽光普照；要是覺得該下點雨了，就會有雨滴落下，而且想讓雨停雨就停。

環境真是太好了，小麥長得特別的快。

一年的時間到了，農夫看到麥子長得那麼好，就又到上帝那兒去了，對上帝說：「你瞧，要是再這麼過十年，就會有足夠的糧食來養活所有的人。人們就算不工作也不會被餓死。」

然而，等人們收割的時候，卻發現麥穗裡什麼都沒有，空空如也。這些長得那麼好的麥子，竟然什麼都沒結出來。

農夫驚訝極了，又跑到上帝那兒去了：「上帝呀，這究竟是怎麼一回事啊？」

「那是因爲小麥都過得太舒服了，沒有經歷過任何打擊是不行的。這一年裡，它們沒經過風吹雨打，也沒受到過烈日煎熬。你幫它們避免了一切可能傷害它們的東西。沒錯，它們長得又高又好，但是你也看見了，麥穗裡什麼都結不出來。還是時不時需要些挫折的，我的孩子。就像白晝之間總有黑夜，風雨雷電都是必需的，正是這些鍛煉了小麥。」

生活的戰鬥在大多數情況下都像攻佔山頭一樣，如果不費吹灰之力便贏得它，就像打了一場沒有榮譽的仗。沒有困難，就沒有成功；沒有奮鬥，就沒有成就。生活中的挫折未必是壞事，有時恰恰是我們通向成功的階梯。只是我們要注意：「思立掀天揭地的事功，須向薄冰上履過。」

品德是立業的根基

《菜根譚》中寫道：「棲守道德者，寂寞一時；依阿權勢者，淒涼萬古。達人觀物外之物，思身後之身，寧受一時之寂寞，毋取萬古之淒涼。」意思是說：堅守道德節操的人，只不過會遭受一時的冷落；可是那些依附權勢的人，卻會遭受千年萬載的淒涼。胸襟開闊且通達事理的人，重視物質以外的精神價值，且能顧及到死後的名譽問題，所以他們寧願承受一時的寂寞，也不願遭受永久的淒涼。

一個人的高尚品德是成就宏大事業的基礎。就如同興建高樓大廈一樣，假如不事先把地基打得穩固，就絕對不能建築堅固而耐久的房屋。

漢孝景帝時，吳王劉濞造反。梁孝王的中郎枚乘聽到了就寫了一封信勸諫他，這封信說：

「我聽說品德完備的人，功名顯赫；品德不全的人，身敗名裂。舜沒有一點土地，結果有了整個天下；禹沒有十戶人家，結果能使諸侯都歸順於他。商湯和周武王的土地也不過百里，對上不斷絕日、月、星的光明，對下不傷害老百姓的心，因爲他有王術啊！所以，忠臣不逃避誅戮還要規勸君王，因此才能把功勳事業流傳到後代去。

「人害怕自己的影子，厭惡自己的行跡，於是倒退著走，可這樣沒有用處。他卻不懂得，在遮陰處停下來，影子自然沒有了，形跡也看不到了。想要別人聽不到，還不如不說；想要別人不知道，還不如不做。想要水冷卻，叫一個人去燒火，一百個人去扇冷它，也無濟於事，不如把薪抽走，把火熄掉。不把鍋底下的柴火斷絕，卻想在鍋面上把水扇冷，這就好像是抱著一捆柴火去救火一樣。福有根基，禍有來源，接受它的根基，斷絕它的來源，禍還會從哪裡來呢？

「一棵十圍的大木，由小芽開始成長。當它還沒有生，當它還沒有成形的時候，可以把它弄斷，可以把它拔起。一塊磨石隨時去磨它，雖然看不出它的損耗，但終究是磨完了；栽種一棵樹，雖然看不出它的增長，但終究是長大了。多注重修養品德，雖然看不出它的好處，但終究有用得著的時候；行惡做壞事，背棄理義，雖然看不出它的罪惡，終究有敗亡的一天。我非常希望大王你仔細考慮，然後再去做，這是歷代帝王不變的法則。」

枚乘的話和《菜根譚》的思想是一致的：「為善不見其益，如草裡冬瓜，自應暗長；為惡不見其損，如庭前春雪，當必潛消。」意思是：一個常常做好事的人雖然表面上看不到什麼好處，但行善的人就像一個長在草叢裡的冬瓜，自然會在暗中一天天長大；一個常常做壞事的人，雖然表面上看不出有什麼壞處，但做惡的人就像春天院子裡的積雪，只要陽光一照射自然就會融化消滅。

吳王不聽信他的話，終於死在丹徒。

《菜根譚》中還寫道：「德者才之主，才者德之奴。有才無德，如家無主而奴用事矣，幾何不魍魎猖狂？」意思是說：品德是才學才幹的主人，而才學才幹只不過是品德的奴隸。一個人假如只有才學才幹而沒有品德修養，就等於一個家庭沒有主人而由奴僕當家一樣，這樣，哪能不使家中遭受精靈鬼怪的肆意侵害？

但丁說過這樣一句名言：「人不能像走獸那樣活著，應該追求知識和美德。」幾千年的中國傳統文化也特別強調，修身養性對於一個人人格的形成和完善是至關重要的。所謂「存亡禍福，其要在身」、「善養浩然之氣」，只有「修身」，才能「治國」、「平天下」，講的都是這個道理。當然，修身，絕不是一種單純的外在修飾，而更是內心的匡正，「欲修其身者，先正其心」。

世界之大，無所不有，人眾之多，千差萬別。一個人要想立德修身，究竟依據什麼樣的尺度？這是非常重要的。這要從時代需要出發，廣泛汲取光輝燦爛的傳統文化營養。應該說，自古以來，我們的先人們為此做了不懈的探求與實踐，結下了非常璀璨的果實，夯實了攀登崇高人格的根基。自古人們所崇尚的以「萬事莫貴於義」為核心的做人準則，諸如嫉惡從善、公正無私、正氣浩然、與人為善、誠實守信、重義輕利、潔身自愛、憂國愛民等，都是道德修養中的耀眼之處，是我們應該傚傚的。而那些口碑如山的英雄豪傑、志士仁人，更是學習的榜樣，為人的楷模。

人格在時時昭示一個人的精神風貌，顯現一個人的道德水準。其實，它就是一個人靈魂的旗幟。

中國古代思想家對個人的道德修養給予特別的關注，把它作為政治學說和人生理論的一個重要組成部分，把德行與事業看作人生追求不可分割的兩個方面，強調德是事業的基礎。立業如果不注重品德，事業就沒有根基。

在現實生活中，人人都有理想和追求，毫無理想追求、渾渾噩噩過日子的人總是少數，但不重視修身的卻大有人在。結果理想追求和自己的思想、知識、能力相矛盾，難免在現實生活中受挫，被社會淘汰。許多人懷才不遇，憤世嫉俗，可能是社會埋沒了他；也可能並非真正有德有才，而是放鬆了自己的修養和要求，志大而才疏；或者幼稚脆弱，對生活中的矛盾和挫折，缺乏適應能力、承受能力和危機處理的能力。這說明處於現代競爭社會，仍然要以修身為本，全面提高自身的素質。

勿以惡小而為之

《菜根譚》中寫道：「有一念犯鬼神之禁，一言而傷天地之和，一事而釀子孫之禍者，最宜切戒。」意思是說：假如有一種邪惡的念頭觸犯了鬼神的禁忌，有一句話破壞了人間祥和之氣，或者做了一件傷天害理的事成為後代子孫的禍根，所有的這些行為都必須特別加以警惕，絕不能去做。

這提醒我們，要精心的保持自己的善行，認真的培養自己心中開始出現的正確的道德觀念和良好品質的幼芽，使其不斷積累和成長壯大，並能從點滴小事做起。

三國時期的劉備曾告誡他的兒子劉禪：「勿以惡小而爲之，勿以善小而不爲」。因爲「小隙沉舟」，「螻蟻之穴，可潰千里長堤」。荀子指出：「積土成山，風雨興焉；積水成淵，蛟龍生焉；積善成德，而神明自知，聖心備焉」，「故不積跬步，無以至千里；不積細流，無以成江海」。就是說，高尚的品格不是一夜就能養成的，它需要一個長期的積累過程。只有不棄小善，才能集成大善。平時不檢點，不積善，隨意性強，只想有朝一日碰上緊要關頭，定會挺身而出，這是根本不可能的。平時不注意改掉小毛病、小缺點、小過失，對自己姑息原諒，日後必會釀成大錯，出大問題。

《菜根譚》中還寫道：「一念錯，便覺百行皆非，防之當如渡海浮囊，勿容一針之罅漏；萬善全，始得一生無愧，修之當如凌雲寶樹，須假眾木以撐持。」意思是說：因爲一念之差而做錯了事，就會使你覺得所有行爲都有過失。所以，謹防差錯就像渡海攜帶的氣囊一樣，容不得針尖大的一點裂縫。什麼樣的好事都做，才能使人一生無愧無悔。修身就像凌雲寶樹要靠眾多的林木扶持一樣，要多多的積累善行。

在歷史上，有很多因「一念錯」而招致「終生悔」的實例。唐朝元和年間，東都留守呂元應酷愛下棋，養有一批下棋的食客。呂留守常與食客下棋。誰如贏了他一盤，出入可配備車馬；如贏兩盤，可攜兒帶女來門下投宿就食。

有一天，呂留守在院亭的石桌旁與食客下棋。正在激戰猶酣之際，衛士送來一疊公文，要呂留守立即處理。呂元應便拿起筆批復。下棋的門客見他低頭批文之狀，認爲不會注意棋局，迅速的偷換了一個棋子。哪知，門客的這個小動作，呂元應看得一清二楚。他批復完文件後，不動聲色的繼續與門客下棋；門客最後勝了這盤棋。食客回到住房後，心裡一陣歡喜，企望著呂留守提高自己的待遇。

第二天，呂元應攜來許多禮品，請這位食客另投門第。其他食客不明其中緣由，很是詫異。

十幾年之後，呂留守處於彌留之際，他把兒子、侄子叫到身邊，談起那次下棋的事，說：「他偷換了一個棋子，我倒不介意，但由此可見他心跡卑下，不可深交。你們一定要記住這個教訓。」他積多年人生經驗，深覺棋品與人品密不可分。

小事顯示人的品德。在日常生活中，不管是工作中還是娛樂中，你的一言一行都是別人衡量你人品的尺碼。所以，不能不謹小慎微的恪守正直無私、光明磊落之道。

除了「勿以惡小而為之」，古人還特別強調「勿以善小而不為」。下面的這個故事就闡釋了這一思想。

據《佛經》中記載，一名高僧知道他的小沙彌徒弟只剩七日的壽命，於是慈悲的讓他回家探親。

小沙彌在途中正好遇到一場大雨，他發現一群螞蟻正努力的從積水的地方爬出，但卻不斷的被雨水沖回去。於是，小沙彌心生憐憫，先將它們一一救出，確定安全無虞後，才繼續他的旅程。

七天後，小沙彌又回到寺院，師父感到非常驚訝，於是入定觀察，發現原來是小沙彌的一念慈悲心，不但救了螞蟻，也增加了自己的壽命。

睿智的古人總是提醒世人：心地要善良，處事要老實，行善造惡自有因緣果報，不可不慎！

陰謀詭計是招致災亂的根源

《菜根譚》中寫道：「陰謀怪習、異行奇能，俱是涉世的禍胎。只一個庸德庸行，便可以完混沌而招和平。」意思是說：陰謀詭計、怪異的言行、奇怪的技能，這些都是招致災亂的根源。只有那種平凡的德行和尋常的言行，才可以保持自然和平。

這是提示我們，做人要老實，不要耍詭計。下面的故事具體的闡釋了這一人生哲理：

有個叫劉淵材的人，性情十分迂腐、古怪，又很愛虛榮。他家裡養著兩隻鶴，只要有客人來家中，他總是既神祕又故意張揚的對客人誇口說：

「我家養了兩隻鶴，這可不是一般的鶴，它們是真正的仙鶴呀！人家所有的禽鳥都是卵生的，我養的仙鶴可是胎生的。」

這一天，劉淵材家又來了幾位客人，他把客人請進屋，一坐下便誇起他那兩隻「胎生」的仙鶴來。劉淵材話還未說完，一個僕人從後園跑來報告說：「先生，咱家的鶴昨夜生了一顆蛋，好大的蛋呀，跟大鴨梨一般大小呢！」

劉淵材的臉色立刻羞得通紅，他覺得十分難堪。他斜著眼偷偷瞟了客人一下，對著僕人大聲喝斥道：「你這奴才真是胡說，你竟敢誹謗我的仙鶴呀！仙鶴怎麼會生蛋呢？休要在此胡說八道！」

僕人只好沒趣的走開了。幾個客人站起身說：「劉兄，難得您家養著仙鶴，讓我們去看看，開開眼界吧！」

劉淵材只好帶著客人一同到後園去觀看仙鶴。他們來到後園，只見其中一隻「仙鶴」正將後腿張開，身體趴在地上。客人們想叫仙鶴站起來，便用枴杖去嚇它。不料，那鶴站起身來時，地上又留下了一枚鴨梨大的鶴蛋。

劉淵材的臉漲得通紅，他支支吾吾的自我解嘲，歎著氣說：「唉！沒想到這仙鶴也會敗壞仙道，和凡鳥一樣了。」

其實，仙鶴只是傳說中的鳥，平常我們養的鶴本來就是普通禽類，是卵生的。而這鶴的主人卻偏要故弄玄虛，結果當眾出醜，搞得十分難堪。

「說老實話，辦老實事，做老實人」才是最明智的選擇，一個人如果想要小聰明，企圖依靠吹噓來華眾取寵，最終只能成爲別人的笑柄。闡釋類似道理的故事是很多的。

有一戶有錢的人家，生了個兒子，從小沒讀什麼書，骨子裡粗俗不堪，卻偏偏愛裝成個文人雅士。

一次，這人要到衙門去遞狀子，以便追回人家欠他的債務。他心想，如果縣官看自己是個知書達理的人，肯定會站在自己這一邊，打贏官司就會容易多了。於是，他對縣官謊稱自己是秀才。

縣官見他跪在地上，仔仔細細地打量了好久，心中疑雲頓生。縣官想：這個人獐頭鼠目，形象猥瑣，言語也粗俗得很，哪裡像個秀才呢？可是接著又轉念一想：人家都說「人不可貌相，海水不可斗量」，我也不能妄下判斷。還是來考他一考吧，看他是否貨真價實。

主意打定，縣官便開口問他說：「既然你是秀才，那你且先說說『桓公殺子糾』這一章應該怎麼講？」

這個人哪裡知道縣官是在考他《論語》裡的句子呢！一聽這話，大驚失色，渾身嚇得直抖，心想：完了，出了人命案子了，老爺怎麼偏偏問我呢？難道是懷疑我跟這樁命案有什麼牽連嗎？於是他磕頭如搗蒜，連聲大叫道：「青天大老爺，我冤枉啊，小人確實不知道其中的實情啊，老爺明察！」縣官聽了，又好氣又好笑，低聲自語道：「果然是個冒牌貨，竟敢騙到我的頭上來了！」於是，就命令手下的衙役把這人按倒在地，重打二十大板，直打得他皮開肉綻，哭爹叫娘。

這人一瘸一拐的出了衙門，對他的僕人說：「這位縣官太不講理了，硬說我阿公打死了翁小九，把我打了二十大板。」

僕人問明是怎麼回事後，就對他說：「這是書上的話呀，你姑且答應他，說你略知一二，不就應付過去了嗎？」

這人一聽，趕緊拚命搖頭說：「哎呀呀，你可別再害我了，我連叫不知情都還被他打了二十大板；如果說知道，那豈不是要抓我去償命嗎？」

「說老實話，做老實事，做老實人」是每個人都應該奉行的原則；假充內行，到處招搖撞騙的人，最終會得到教訓。

至誠之心具有巨大的精神力量

《菜根譚》中寫道：「人心一真，便霜可飛、城可隕、金石可貫。」意思是說：人的心地一旦真誠，就可以盛夏裡霜雪飛舞，城牆可以崩毀，金石可以貫穿。一個人的精神、修養功夫如果能達到至誠的地步，就可以感動上天，變不可能為可能。

古今中外的神話中有很多超能力超現實的故事，就連歷史人物傳記中也有很多幾近迷信的神話存在，其中最有名的像二十四孝中的王祥臥冰和孟宗哭筍，以及孟姜女哭倒萬里長城等等。其實，這是世人事後附會之說，其目的無非在強調「至誠感天」的道理。歷史上許多情動天地的故事，有的像是神話；現實生活中也有許多情深意切的事跡。誠實可以消除隔閡，化解矛盾，促進人際關係的和諧團結。古人有「精誠所至，金石為開」的格言。這是說精誠的力量可以貫穿金石，何況人心呢！至誠之心的確有巨大的精神力量。歷來人們總是盼望真情，強調真誠、誠實，所以對真誠感人的故事總是極為推崇，代代傳頌。

晏殊是北宋著名的文學家和政治家。大家熟悉的范仲淹、歐陽修等宋代大詩人，都曾經當過他的學生。

晏殊在十三四歲的時候，就以博學多才出了名。後來，他被地方官視為「神童」推薦給朝廷，讓他去面見皇上。

事情巧得很。當晏殊來到京城時，正趕上科舉會試。參加會試的都是各地選拔上來的名列前茅的才子。晏殊是因被視為「神童」選來見皇帝的，本可以不參加考試。但晏殊覺得只有經過考試，才能檢測出自己有沒有真才實學。於是，他主動要求參加考試，並得到了皇帝的批准。

參加考試的有上千人。有的是連考多年、兩鬢斑白的老學者，有的是風華正茂的青年書生，年齡最小的就是晏殊，他還不滿十四歲。一開始，他心裡有點不踏實，但他馬上又想到，自己年紀還小，如果考試成績不好，說明自己的學問還不夠，那就需要自己繼續苦讀，有什麼可怕的呢？當考題發下來之後，晏殊認真一看，簡直不相信自己的眼睛！——考試題目自己曾經作過，當時寫的這篇文章還受到好幾位名師的稱讚。

這時候，晏殊的心裡很矛盾。按說，那篇文章的確是自己獨立寫成的，現在把它照抄下來，當然也能反映自己的水平，不應該算是作弊；再說主考官和考生誰都不知道。但是，他又想，那篇文章是自己在家裡寫成的，寫作的條件比考場上要優越得多。如果在考場上寫，就不一定能夠寫得那麼好。晏殊又想起老師曾講過的話：做學問必須老實，如果對自己放鬆，那只會害了自己。想到這裡，他決定把實話講出來，要求主考官給自己另出一個題目。可是，考場上的規矩太嚴了，晏殊幾次想說話，都被監考人制止了。迫不得已，晏殊只好以那篇文章爲基礎，又做了些修改加工。寫好之後，交了卷。

幾天之後，十幾位成績最好的考生被召到皇宮大殿上，將接受皇上的複試。晏殊也是其中之一。在對晏殊複試時，皇上高興的對他說：「你的文章，我親自看過了，沒想到你小小年紀，竟有這樣好的學問。」不料晏殊卻跪下來，連忙自稱有罪。接著，他把考試的經過講了一遍，並且要求皇上另出一個題目，當堂重考。

晏殊說完後，大殿上鴉雀無聲。人們不置可否的心想：這個少年真是傻到極點了，別人想找這樣的好事都找不到；他自己卻要求另換題目，再考一次！

過了片刻，皇上突然大笑起來，說道：「真看不出，你這孩子不懂學問好，還這樣誠實。好吧，那我就成全你吧！」

當下，皇上與大臣們一商議，就出了一個難度更大的題目，讓晏殊當堂作文。晏殊壓抑著內心的緊張，集中全部精力，很快把文章寫好交了上去。

大家一看，交口稱讚。皇上十分高興，對晏殊讚不絕口，並當場授予他一個相當進士的學位，還吩咐人給晏殊安排一個官職，先讓他鍛煉一下，希望他日後成爲國家的棟樑之材。

晏殊做官之後，一開始只在翰林院裡擔任一個小小的祕書職務，官位低，薪俸少，日子過得很清苦。

當時，天下太平，京城裡一派歌舞昇平的景象。朝廷官員幾乎都是三日一宴，五日一遊，過著花天酒地的生活。晏殊也喜歡飲酒賦詩，願意同天下的文人們交往，可是他沒有錢，無法參加這些活動。於是，他每日辦完公事，就回到住處讀書，或者和他在京城求學的兄弟們一起討論古書中的問題。

過了些日子，朝廷要選拔協助太子處理公務的官員。條件是：學問高、品德好。負責選拔的大臣們非常慎重，反覆篩選、考察，一直都定不下來。因爲如果選不好，就要受到皇上的責備。

一天，忽然傳來皇上的一道御旨，要選拔官們把晏殊算列入候選人名單。

不少大臣都不知道晏殊是誰。一打聽，才知道是翰林院的一個小祕書。大家都覺得很奇怪，皇上怎麼就看上了他？

原來，皇上聽說晏殊閉門讀書，從不吃喝玩樂，又想起晏殊在考場上的表現，認爲他是一位既有才氣，又忠厚勤勉的人。選這樣的人到太子身邊，真是再合適不過了。所以，就親自點了晏殊的名。

晏殊上任前，照例到皇上那裡去謝恩。皇上勉勵他一番之後，又誇他閉門讀書，不參加遊樂，是個好青年。

晏殊聽完皇上的誇獎後卻低下了頭，並向皇上說：「臣並非不想和文人們宴飲遊樂，只是因爲自己家貧無錢而不能去，如果臣有錢，肯定也會去的。我有愧皇上的誇獎。」

皇上聽後深爲感動，一定要重用這樣誠實的人！

從此以後，晏殊的官越做越大，名望也越來越高，但他一直保持著誠實、勤勉的作風，至死都沒有改變。

一位著名的作家指出：「擁有誠實，人們的生活中就充滿了陽光。」世界上最聰明的人是最老實的人，因爲只有老實的人才能經得起事實和歷史的考驗。

《菜根譚》中還寫道：「寧守渾噩而黜聰明，留些正氣還天地；寧謝紛華而甘淡泊，遺個清名在乾坤。」意思是說：人寧可保持純潔、天真、樸實的本性，而摒除後天的聰明機詐，以便保留一些浩然正氣還給大自然；人寧可拋棄世俗的榮華富貴，而甘於過著淡泊、清平、恬靜的生活，以便留一個純潔高尙的美名還給天地。

做人首先要真誠。古人稱爲本然人品，率真人品，真誠做人，保持本然人品，是做人的起點，也是人品的極致。一個人的思想、品格、言行，都要發自內心、自然而然的表現出來，不能爲了因某種功利目的矯揉造作，掩蓋自己的真實面目，扭曲自己的本性。

今天，我們仍然要實行誠實待人的原則：上級要以誠對待部屬，父母要以誠對待子女，企業經營者要以誠對待顧客……以誠待人，才能得到友誼和真情，得到別人的信任和尊敬。人際交往如果離開誠實的原則，人與人之間互相欺騙，爾詐我虞，那麼，人世間便不會有真情友誼，不會有團結親密的人際關係了。

保持樸實的個性

《菜根譚》中寫道：「涉世淺，點染亦淺；歷事深，機械亦深。故君子與其練達，不若樸魯；與其曲謹，不若疏狂。」意思是說：一個剛踏入社會的人閱歷很短淺，所以感染各種社會不良習慣的機會也很少；一個飽經世事閱歷很廣的人，經歷的事情多了，智謀也隨著加深。所以，一個有修養的君子，與其講究做事圓滑，不如保持樸實的個性；與其事事小心謹慎委曲求全，倒不如豁達一些，才不會喪失純真的本性。

一位哲人指出，天性開朗、熱情、奔放的人根本就沒有必要去追求少年老成的效果，以至於製造出一副扭曲的性格，它比肢體的殘疾更要令人悲哀。裝出一副老於世故的外表和麻木不仁的面孔，去迎合某種觀念和大眾化的口味，是脆弱、怯懦的表現。走出自我封閉的圈子，注意傾聽自己心靈的聲音，並大膽表現它是美好和幸福的。當我們要壓抑自己的感情，想把它封閉起來時，我們有必要反躬自問：我怕的是什麼？我爲什麼不能更自由、更真實的生活在世界上，而不是在面具裡？

有所作爲的人從不掩飾自己的真情。羅斯福會發出孩子般爽朗的笑聲；丘吉爾會爲了區區小事，就大失身份地和自己的男僕爭吵起來；列夫·托爾斯泰聽柴可夫斯基彈琴時，當眾流出了淚水；大書法家米芾給友人寫信寫到「芾再拜」時，竟恭恭敬敬的站起身來，向桌子拜了下去……用世俗、功利的眼睛怎麼可能理解這種心中的熱情？

爲了你生活得更快樂、更有意義，請你卸下成年人的臉譜，重新審視你的內心吧。如何才能做到這一點呢？兒童對待世界的態度有時是我們最好的老師，它能幫助我們達到目的。如下建議可供參考：

一、信任他人

如果你對新結識的人表現冷淡，這往往意味著你對人的信任感和孩子般天真的直覺已被自我封閉的壓力毀滅了。那麼，你就不會從你周圍的人們中獲得樂趣。這時，你應該放鬆自己緊張的生活節奏，不妨和初次見面的人打招呼；或者在你常去買東西的小店裡和售貨員聊聊；或者和剛結識的新朋友一道參加郊遊。努力尋找童年時交友的感覺，信任他人和你自己，而不要每時每刻都疑竇叢生。

二、學會對自己說「沒關係」

孩子們經常發出無緣無故的笑聲，他們的煩惱從不悶在心裡。我們常常會被生活中各式各樣傷腦筋的事壓得兩腿打顫。其實，生活中果真有那麼多的煩惱嗎？許多事並沒有什麼大不了的，只是我們把它放大了而已。

我們要學會對自己說「這沒關係」，這樣，我們的生活裡就會常常充滿開懷的笑聲。

三、順其自然的去生活

不要為一件事沒按計劃進行而煩惱，不要為某一次待人接物禮貌不夠周全而自怨自艾。如果你對每一件事都精心策劃，以求萬無一失的話，你就不知不覺的把自己的感情緊緊封閉起來了。你已經忘記了自己小時候是一副什麼樣子。你應該重視生活中偶然的靈感和樂趣，快樂是人生的一個重要價值標準，有時能讓自己高興一下就行，不要整日為了一個明確目的、為解決某一項難題而奔忙。

四、不要為真實的感情梳妝打扮

如果你和你的摯友分離在即，你就讓即將湧出的淚水流下來，而不要躲到盥洗室去。為了怕人說長道短而把自己身上最有價值的一部分掩飾起來，這種做法沒有任何道理。生活中許許多多的事都是這樣，遵從你的心，聽取你心靈的聲音，正如巴魯克教授所說，這樣即使做錯了事，我們也不會太難過。

無過便是功，無怨便是德

《菜根譚》中寫道：「處世不必邀功，無過便是功；與人不求感德，無怨便是德。」意思是說：人生在世不必勉強去爭取功勞，只要沒有過錯，就算是有功勞；救助他人不希求對方感恩圖報，對方不怨自己就算感恩戴德了。

「無過便是功」，「無怨便是德」的原則看起來簡單，在生活中卻時常被人們所忽視。下面的這個故事就闡述了這一道理：

一天，學生和一位教授一起散步。他們在小道上看到了一雙舊鞋子，心中猜想這雙鞋一定是在附近田間工作的窮人的。學生對教授說：「我們給那人來個惡作劇吧——把他的鞋藏起來，然後躲到樹叢後面，這樣就可以等著看他找不到鞋子時的困惑表情。」

教授說：「我們絕不能把自己的快樂建立在那個窮人的痛苦之上。但是你可以透過那個窮人給自己帶來更多的快樂。你在每隻鞋子裡放上一枚硬幣，然後我們躲起來，觀察他發現這件事後的反應。」

學生照做了，隨後他們倆都躲進了旁邊的樹叢。

那個窮人忙完工作後，回到了他放衣服和鞋子的小道上。他一邊穿衣服，一邊把腳伸進了一隻鞋裡，但感到鞋裡有個硬邦邦的東西，他彎下腰去摸了一下，竟然發現了一枚硬幣。

他的臉上充滿著驚訝和疑惑的表情，他捧著硬幣，翻來覆去的看，隨後又望了望四周，沒有發現任何人。於是，他把錢放進了自己的口袋，繼續去穿另一隻鞋，這時他又再一次驚喜的發現了另一枚硬幣。他激動的仰望著天空，大聲的表達了熾熱的感激之情，他的話語中談及了生病和無助的妻子、沒有麵包吃的孩子，感謝那來自未知處的及時救助，這救助將他們一家人從死亡中拯救了出來。

站在樹叢後的學生被深深地感動了，他的眼中充滿了淚水，這時，教授說：「你是不是覺得這比惡作劇更有趣呢？」

年輕人說：「我感覺到了以前我從不曾懂得的一句話——給予比接受更快樂。謝謝您！」

我們絕不能把自己的快樂建立在別人的痛苦之上。如果我們能夠時常使別人感到意外的驚喜，感覺到世間的溫暖，我們自己也會感到輕鬆而愉快。

做善於掌控自己身心的人

《菜根譚》中寫道：「白氏云：『不如放身心，冥然任天造。』晁氏云：『不如收身心，凝然歸寂定。』放者流為猖狂，收者入於枯寂。唯善操身心者，把柄在手，收放自如。」

意思是：白居易的詩「凡事不如都放心大膽去做，至於成功失敗一切聽憑天意。」晁補之的詩「凡事不如小心謹慎去做，以期望能達到堅定不移的境界。」主張放任身心，容易使人流於狂放自大；主張約束身心，容易使人流於枯槁死寂。只有善於操縱自己身心的人，才能掌握事物的規律，對一切事做到收放自如的境界。

人和動物在行爲上的根本區別，在於人的行爲的自覺性。動物的行爲直接受其本能所支配，本能是無需學習的。本能的行爲不管如何複雜，總是直接地、自發地、沒有節制地進行。動物一方面藉助這些本能來滿足自己的各種需要，另一方面它們又都是自己本能的奴隸。而人則能意識到自己的本能，並能駕馭自己的本能。本能一旦被意識到，它就要受意識所控制，本能也就人性化和社會化了。

一切生物本能在文明人身上表現的時候，都要受意識所控制。如果一個人的生物本能得不到意識和理智的過濾，那麼他就永遠也不能晉升爲人的心理，這個人的生命也就只能處於一種低級的動物狀態。有人把人的生物本能比作一匹野馬，人的理智就像轡繩。沒有轡繩的馬是一匹未經馴服的野馬；而有轡繩控制的馬，才是一匹有用的馬。只有用自己的意志努力去服從自己的理智，自覺地支配自己去實現自己的目的，我們才能透過支配自身去支配世界。

歷史上有不少不可一世的人能控制一支軍隊、一個國家，但卻不能控制自己，最終身敗名裂。古今中外的思想家都曾提到用理智控制自己，是做人的一種基本準則。孔子強調修己和克己。

古希臘的柏拉圖提出：「節制是一種秩序，一種對於快樂和慾望的控制。」亞里斯多德說：「人與動物的區別，正在於置行爲於理智」、「不僅應把對敵人取得勝利的人看作是勇敢的人，而且也應把那對自己的慾望取得勝利的人看作是勇敢的人。」經過他們的提倡，「節制」被定爲古希臘的四德（智、勇、義、節）之一。後世的思想家在發揮和修正這些學說時，也都一致強調理智對個人的約束作用。這些理論的局限是自不待言的，但是他們強調人的行爲應自覺地受意識和理智的控制，卻反映了人類社會生活的客觀要求和人類歷史發展的規律。

一位著名作家說：「要想征服世界，首先要學會控制自己。」控制自己並不是一件非常容易的事情，因爲我們每個人心中永遠存在著理智與感情的鬥爭。自我控制、自我約束也就是要一個人按理智判斷行事，克服追求一時感情滿足的本能願望。一個真正具有自我約束的人，即使在情緒非常激動時，也是能夠做到這一點的。

自我約束是一種自我控制的感情表現。自由並非來自「做自己高興做的事」，或者採取一種不顧一切的態度。自己要戰勝自己的感情，證明自己有控制自己命運的能力。如果任憑感情支配自己的行動，那便使自己成爲了感情的奴隸。一個人，沒有比被自己的感情所奴役更不自由的了。

我們有一種稱爲「自我約束」的動力，而這種動力所要求的代價可不小。

有一次，波蘭鋼琴家巴德瑞斯基舉行的音樂會散場之後，一個樂迷對他說：「我願意終生獻身以求達到這樣的成就。」這位卓越的鋼琴家回答：「我就是這樣做了。」

我們常常只看見偉大的成就，而忽略了成就背後的辛勞和毅力。因此我們會說，有成就的人有頭腦，有體力，或者運氣好，而既然我們這三方面都不行，那就算了吧！這不是說，只要注重自我約束，我們就人人都可以成爲鋼琴演奏家；而是說，我們每個人在某一方面都有成功的條件。但是，要獲得成功，就必須運用意志力和努力工作。正如《菜根譚》中所說的：「唯善操身心者，把柄在手，收放自如。」

我們每個人都在透過努力做使自己生活更有意義的事，並且在向著未來的目標奮進。但是，生活在現實的世界中，我們絕不應該採取僅使今天感到愉快的態度，而絲毫不顧及明天可能發生的後果。我們的感情大都容易傾向於獲得暫時的滿足，而那些提供大量暫時的滿足的事，通常就是對我們長期的健康、快樂和成功最有害的事情。因此，在追求一種有意義的生活時，我們應當努力預測自己所從事的事情對將來可能產生的後果，我們要善於做好自我約束。

自我約束就是自律。從本質上講，自律就是我們被迫行動前，有勇氣自動去做我們必須做的事情。自律往往和我們不願做或懶於去做、但卻不得不做的事情相聯繫。

「律」既然是規範，當然是因爲有行爲會越出這個規範。比如，刷牙洗臉是每天必須要做的事情，但是有一天我們回到家筋疲力盡，如果我們倒床就睡，是在放縱自己的行爲；如果我們克服身體上的疲憊，堅持做該做的事，這是我們自律的表現。人們往往會遇到一些讓自己討厭或使行動受阻撓的事情，而在這種情況下，你就應該克服對情緒的干擾，接受考驗。

每一個人必須具有自我約束能力，養成自我約束的習慣，不讓別人用次要的計劃或無關的事情拉我們離開軌道。我們必須有自我約束能力，保持頭腦不受種種雜念的干擾，不去想還有什麼其他事應當去做等等從各方面不斷轟擊我們的頭腦的雜念。養成自我約束的習慣，在生活中時刻注重自律，堅持去做正確、有益的事情，你就會離成功越來越近！

抵禦物慾的誘惑

《菜根譚》中寫道：「把握未定，宜絕跡塵囂，使此心不見可欲而不亂，以澄吾靜體；操持既堅，又當混跡風塵，使此心見可欲而亦不亂，以養吾圓機。」

意思是說：當意志還沒有堅定沒把握控制時，就應遠離物慾環境的誘惑。讓自己看不見物慾誘惑，就不會心神迷亂。只有這樣，才能領悟到清明純靜的本色。等到意志堅定可以自我控制時，就要讓自己多跟各種環境接觸，即使看到物質的誘惑，也不會心神迷亂，藉以培養磨練自己成熟質樸的靈性。

有這樣一個笑話：有一個人的錢包被偷了，他就狂追小偷。小偷跑得很快，這人拚命的追。追呀追呀，怎麼也追不上，這人發狠的說了一句：「我就不信跑不過你！」他咬緊牙，緊追不捨。小偷開始跑不動了，慢下了腳步……眼看就要抓到小偷了！——你猜怎麼了？那人飛步超過小偷，繼續一直往前跑去！

可笑吧？而當我們自己成天只知匆匆忙忙的做事、做事、做事，卻忘了我們自己既定的生活目標時，我們不也正和那個丟下小偷只知跑路的人一樣可笑嗎？

新加坡女作家尤今之所以能高效創作，完全得益於她會理智的限制自己。她出過幾十本書，作品風靡新加坡及中國大陸。人們難以想像這位擔任教師之職，又有三個孩子的女子，怎麼會有如此旺盛的精力和豐足的時間。

她平時不看電影，也不看電視，不去購物中心逛，不去俱樂部玩，不應酬，不串門子。每天一下班，她即飛車回家，將自己整個的「囚禁」起來，開始她的精神漫遊：

「一入家門，我便把我自己變成一隻蜘蛛。文字是絲，我以絲織網。勤奮的織，苦心的織。一種快樂絕頂的感覺，在編織的過程中，不絕的氾濫。我以我的耐性、我的韌性，將千條萬縷的細絲，織成疏密有致的網；然後，我再以我的感情、我的經驗，爲雛形初具的網設計獨特的圖案。」

她既是編織美麗文字之網的著名作家，又是一個不斷吮吸知識甘泉的讀書狂。她像蠶一樣，「發狂的吞食，努力的消化」。

這種對事業的專注精神，始終使尤今保持著樂觀的性格和堅定的信念，遇挫折和災難時，她也深信天無絕人之路，船到橋頭自會直。

她成了一個不容易向現實低頭的人，一個在文字殿堂中不斷奮擊的勇士。

限制自己是一種強制行爲，它不僅表現在對精力的運籌，還表現在對時間的調度；不僅表現在對其他專業興趣的控制，也表現在對娛樂活動、應酬串門子方面的限制。

人的生命是有限的，它經不起折騰和浪費。會限制自己的人，就會發展自己；會發展自己的人，也會限制自己。正如女作家三毛說的：「堅持自己該做的事情，是一種勇氣。絕對不做那些良知不允許的事，是另一種勇氣。」有了這種勇氣，我們就能圍繞著預定的目標，選擇該做的事，捨棄不該做的。

君子忍人所不能忍

《菜根譚》中寫道：「世人以心肯處為樂，卻被樂心引在苦處；達士以心拂處為樂，終為苦心換得樂來。」意思是說：凡俗之人把能夠滿足心願當成是快樂，然而卻被貪圖快樂的心引誘到痛苦中；通達的人把能忍受各種折磨當做快樂，最後終因能忍辱負重而得到真正解脫。

實際上，這裡強調的還是一個「忍」字。古人說：「小不忍則亂大謀」；「忍得一時之氣，免卻百日之憂。」

古往今來的哲人多強調，對於日常的瑣碎之事，不必去斤斤計較。在大事業之前的小事若無法忍受，將無法成就偉大的理想。韓信的故事是一個很好的佐證。

韓信是漢高祖劉邦的大將，年輕時整日遊手好閒，無所事事。有一天，一群小流氓對他說：「你長得倒不賴，不知膽量如何呢？」韓信聽後沉默不語。這時圍觀的人越來越多，流氓又挑釁說：「如果你有膽量，就來刺殺我；如果害怕，就從我胯下爬過去吧！」

韓信仍然一言不發，默默的爬過他的胯下。這就是歷史上著名的「胯下之辱」的故事。

人的一生中，令人發怒的事不計其數，倘若每件事都斤斤計較，耿耿於懷，是成不了事的。反之，只要胸懷大志，就會「忍人所不能忍」，對於許多事情就不會放在心上，而是堅定的朝著自己的目標奮進。

俗話說：「忍一時風平浪靜，退一步海闊天空。」「以忍爲上」是一種玄妙的處世哲學。常言道：識時務者爲俊傑。所謂俊傑，並非專指那些縱橫馳騁如入無人之境，衝鋒陷陣、無堅不摧的俠客、英雄。他更是那些能夠以自己的胸懷和毅力而獲取成功的人。

現實生活是殘酷的，很多人都會碰到不盡人意的事情。殘酷的現實需要你承受，這個時候，你必須面對現實。要知道，敢於接受挑戰，不失爲一種壯舉。可是，胳膊擰不過大腿，硬要拿著雞蛋去與石頭鬥狠，只能算作是無謂的犧牲。這個時候，就需要用另一種方法來迎接生活。一切以大局爲重的人，往往能夠忍一時之氣，成一世之勢。

「忍」是集個人修養、智慧、能力的展現。遇事發怒，爭強好勝，往往會因小失大。

《三國演義》中的周瑜，氣量狹窄，不能容忍諸葛亮計高一籌的事實，一定要與諸葛亮較量到底。明明曹操在赤壁戰敗，東吳政權應將力量投入到向北擴大地盤的征戰中，可是周瑜寧肯讓孫權往合肥與張遼交戰受挫，自己也要帶著東吳主力與諸葛亮爭奪荊州。其爭奪的結果自然是失敗，周瑜也爲此負氣身亡，這正是缺乏修養的表現。

《三國演義》中的劉備，是以忍求尊的出色運用者。他有漢室甲冑出身，有關羽、張飛效力，而且破黃巾立功，僅得安喜縣尉之職，他仍然遵命上任；張飛怒鞭督郵，爲了維繫桃園結義的情義，他辭官而去；虎牢關戰敗呂布顯露鋒芒，仍然坐在諸侯的末位；曹操滅呂布後，劉備與曹操在許都供職，更是如履薄冰。曹操以青梅煮酒論英雄相試，劉備則以韜晦之計避讓；等到脫離許都後，又先後投奔袁紹、劉表，在任何地方都是一副寬厚待人的樣子，甚至蔡瑁幾次逼殺，劉備都是避讓而已，並無反擊。偏偏就是這樣一個能夠忍讓的人，得到了眾人的尊重，就連曹操等政治對手也稱他爲「英雄」，劉備透過處處忍讓而爭得人心，由得人心而得人才，終於成爲鼎足三分的主導力量。劉備的成功，也顯示了以忍求尊的人生智慧力量。

「忍」被視爲中國人生智慧的展現，一直積蓄著自強不息的力量。明代朱袞在《觀微子》中說：「君子忍人所不能忍。」正是從人格、意志、修養、智慧諸方面探討「忍」在個人人生中的價値。忍顯示著一種力量，是內心充實，無所畏懼的表現。忍是一種強者才具有的精神特質。

忍不是低三下四，甘願受他人擺佈，忍氣吞聲，受人欺侮，逆來順受，不去反抗，而是一種積蓄力量的方式。一個人善於忍，才能得到各方面的幫助，汲收各個方面的訊息，爲自己的發展和成功奠定良好的基礎。

多做一些平凡無奇的好事

《菜根譚》中寫道：「市私恩不如扶公議，結新知不如敦舊好，立榮名不如種陰德，尚奇節不如謹庸行。」意思是說：一個人與其收買人心而施恩惠給別人，那還不如以光明磊落的態度去爭取社會大眾的輿論；一個人與其結交很多不能勸善規過的新朋友，倒不如加深一下跟老朋友之間的情誼；一個人與其沽名釣譽，想辦法提高知名度，倒不如悄悄在暗中積一些陰德；一個人與其標新立異去顯示名節，倒不如平日謹言慎行多做一些平凡無奇的好事。

幾年前曾發生過這樣一件事。

在廣州車站，一個大約二十多歲的鄉下女子，背著一個用化學肥料袋改成的行李袋，手提一隻破包，目光焦灼的四處張望著，看她臉上掛著的那副焦灼可憐的樣子，就知道她肯定遇上了什麼困難的事。車站人來人往，但遇見她目光的人，尤其是那些衣著整潔的旅人，都趕緊躲開。誰知道她會不會冷不防的提出一個什麼要求呢？說不定，她會提出和你結伴旅行，或者用一下你的毛巾，甚至還可能不禮貌的拿起你的水杯喝上幾口呢！

「你好……」果然，她開始主動與人搭腔，可是不等她把話說完，人家就趕緊對她搖頭，然後快速走開。她有點失望，卻不灰心，繼續挨著候車室一排座椅一排座椅的踱過去，目光依然在旅人們的臉上逡巡，好多人都用報紙擋住臉，或頭一歪，閉上眼裝睡。她很懷疑，難道自己長得像一個騙子嗎？

這時，她踱到了廣州至東莞的候車處。她看見一個學生模樣的小伙子離開售票窗口，一邊朝長排座椅走去，一邊很小心的把車票放進口袋裡，還用手摁了摁。小伙子坐下來，椅子上有一份別人丟下的晚報，有十幾張呢，小伙子有點喜出望外的翻閱起來。一條體育新聞讓他看得很入迷，以致鄉下女子來到他面前站了好一會兒，他還不知道。她不得不打斷他，怯怯地：「哎，對不起，幫幫我好嗎？」

小伙子放下手裡的報紙，望望左右，一副懵懂的樣子，問：「你在和我說話嗎？」

她點點頭。

「你要我幫你什麼呢？」他很好奇，在這個世界上，他一直都是被可憐的對象，但現在，居然有人請他幫忙。

她說：「我要去找我的姐妹，但我身上連一毛錢都沒有了。你能幫我買張車票嗎？」

他聽後，臉「騰」地紅了，搖搖頭；片刻，又點點頭，隨即從身上摸出一張鈔票：「我……我只剩下十塊錢了，夠不夠？我剛買過車票，在廣州找不到工作，想換個地方。我是高職畢業的，文憑太低了。」他很窘迫的揉著那張鈔票，倒好像是他在向別人借錢。

「謝謝你的好心。」她很失望的離開了他。

忽然，他好像一下子想起了什麼，對她喊了一聲：「你準備去哪兒？」鄉下女子回頭望了他一眼，說：「東莞。」他聽了馬上興奮起來，從身上摸出剛買的那張車票，稍微猶豫了一下，還是走過去，把車票遞到她手裡：「去找你的姐妹吧，祝你好運！」

她微微笑了一下，接過車票後，問：「那你怎麼辦？」

他想了想，說：「就這十塊錢，坐到哪兒是哪兒，我就在到站的地方下車找工作，說不定還能找到一份意想不到的好工作呢！」

她不要車票，還給他，他又塞進她手裡。她說：「這怎麼行呀？」

他答：「怎麼不行？誰讓我是個男的，你是個女的呢？」這是他為自己的行為找到的唯一理由，一連說了好幾遍。

她欲再推辭，他忽然生氣的走了，全然不理身後「哎哎」的她。

十塊錢只買了兩站路，很快就到了，他下了車。走出車站，望著人流如織、車輛穿梭的廣場，他茫然不覺身在何處，又該往何處。正惆悵間，他隱隱覺得身後站著一個人，一回頭，竟是她！

她對他友善的笑著，問：「後悔了？」

他搖搖頭。

她招手叫來一輛計程車，打開車門，對他做出請的姿勢。

他驚訝的望著她。

他真的得到了一份好工作，一份意想不到的好工作，因為她是一家玩具公司老闆的女兒。她在廣州車站的舉動其實是一次化裝招聘，目的是想替父親尋找一些在商業社會中未被污染的人，來充實公司的中層管理隊伍。可是，這樣的人實在太少了，她在車站周旋了幾天，才碰到他。儘管如此，她仍然感到耳目一新，彷彿一股清泉注入心田。

一張車票，改變了一個高職生的人生。很多人都認為這是一種偶然。其實，這種偶然中絕對蘊藏著必然。不是有那麼多人都在這場考試中敗下陣來嗎？

《菜根譚》主張：「立榮名不如種陰德，尚奇節不如謹庸行。」生活處處是考場。我們隨時隨地都要抱持一顆熱情的心，努力去幫助別人。佛家說：「但做好事，莫問前程。」慣於做好事的人，前程一定充滿了希望。

把慾念拉回到正路上

《菜根譚》中寫道：「念頭起處，才覺向欲路上去，便挽從理路上來。一起便覺，一覺便轉，此是轉禍為福、起死回生的關頭，切莫當面錯過。」

意思是說：當你心中的邪念剛浮起時，一旦發覺這種邪念有走向慾望之路的可能，你就應該立刻把這種慾念拉回正路上去。只要壞的念頭一產生，就立刻有所警覺，有所警覺就立刻設法來挽救，這才是扭轉災禍為幸福、改變死亡為生機的緊要關頭。所以，絕對不可以輕易放過這個機會。

歷史上的君王大都愛馬，無論是征戰、遊獵時的胯下坐騎，還是輜重、農事上的役用，都需要驃悍精良的駿馬。

有一天，齊桓公在管仲的陪同下，來到馬棚視察養馬的情況。他一見養馬人就關心的詢問：「馬棚裡的大小諸事，你覺得哪一件事最難？」

養馬人一時難以回答。其實，養馬人心中是十分清楚的：一年三百六十五天，打草備料，飲馬遛馬，調鞍理轡，接駒打掌，除糞清欄，每一件都不是輕鬆的事！可是在君王面前，一個養馬人又怎好隨意叫苦呢？

管仲在一旁見養馬人尚在猶豫，便代爲答道：「從前我也當過馬伕，依我之見，編排用於拴馬的柵欄這件事最難，爲什麼呢？因爲編柵欄時所用的木料往往曲直複雜，你若想讓所選的木料用起來順手，使編排的柵欄整齊美觀結實耐用，開始的選料就顯得極其重要，如果你在下第一根樁時用了彎曲的木材，隨後你就得順著將彎曲的木材用到底。像這樣曲木之後再加曲木，筆直的木材就難以啓用，反之，如果一開始就選用筆直的木材，繼之必然是直木接直木，曲木也就用不上了。」

在生活中，我們不論做什麼，都要愼之於始。一開始就要多費心思，制訂好標準，把握好方向，做到「一起便覺，一覺便轉」，否則，以後就會有更多麻煩。

在發現自己的錯誤的時候，要立即改正，「切莫當面錯過」「轉禍爲福、起死回生的關頭」。

有這麼一個人，他每天都要偷鄰居家的雞。鄰居後來知道了是他偷的雞，對這個人的意見特別大。

有人去勸告這個偷雞的人說：「偷盜行爲是可恥的。你這樣每天偷別人家的雞是不道德的行爲，應該及早改正。從現在起，你不要再偷別人家的雞了。」

這個偷雞的人聽到後卻回答說：「好吧，我也知道這不好。這樣吧，請允許我少偷一點，之前每天偷，以後改爲每月偷一次，而且只偷一隻雞，到了明年，我就再也不偷就是了。」

如果知道了偷盜是不合乎禮義的事，就應該迅速停止偷竊，痛改前非，爲什麼非要等到明年呢？

知道自己錯了，就要果斷的進行徹底的改正，千萬不要搪塞和尋找牽強的藉口，如果故意拖延時間，錯誤就可能成爲積習難改的習慣，最終給自己帶來損失和傷害。

沽名釣譽危害大

《菜根譚》中寫道：「好利者逸出於道義之外，其害顯而淺；好名者竄入於道義之中，其害隱而深。」意思是說：一個好利的人，他的所作所為會不擇手段，而且超越出道義範圍之外，逐利的禍害很明顯，容易使人防範，後患也就不會太大；反之，一個好名的人，經常混跡仁義道德中，沽名釣譽，他所做的壞事人們就不易發覺，結果所造成的後果就非常深遠。

在歷史上，因沽名釣譽而害人害己的故事是非常多的。

人們都讀過西晉時期石崇斗富的故事，也都知道這位石崇是靠搶掠商賈以致巨富的怪人。他的官也做得不小，奢靡之名更是遠播，但卻偏偏是他，竟也舞文弄墨，寫了《思歸歎》、《思歸引》等諸多詩篇，反覆宣稱自己超逍遙兮絕塵埃，少有大志，志在不朽，傲然有凌雲之操。知道其為人的讀者，便會覺得是在搞笑。這位石大人寫出這些搞笑的東西，實際是因為他在仕途傾軋中一時失意而已。一旦用恬淡的外衣把自己包裹起來，就覺得可以維持一些殘存的尊嚴了。

如果說，石崇在當時的知識分子圈還算不得什麼角色的話，那麼，他的朋友潘岳，卻是文壇上有名的人物。這位老兄的知名，除了嗜談老莊外，更在於他的有些篇章哪怕是為文造情、違志作詩，也還算過得去。如其有名的《閒居賦》，以老莊自飾，聲稱覽止足之分，庶浮雲之志；又作《秋興賦》，表示要逍遙乎山川之際，放曠乎人間之世。然而，《晉書·潘岳傳》卻揭了他性情輕躁、趨時利的底細。他和石崇等人常常等在權貴賈謐的大門前，每候其出，便望塵而拜，希望手握大權的賈謐能夠看到自己對他的嚮往和歸心。知道了潘岳的這番媚態婢膝之狀，再看他寫的放曠乎人間之世一類的文字，不知人們該作何感想。很像今天有些人喜歡在屋裡掛著鄭板橋寫的「難得糊塗」，其實是提醒自己在名利場中做事情千萬不要犯糊塗。

事實上，無論是石崇還是潘岳，最後都耐不住寂寞，參與西晉的八王之亂，同時被殺。如果說他們僅僅是對物慾貪婪，而不熱衷於沽名釣譽的話，他們就可能會是另一種命運了。

應該說，適當地追求榮譽是無可厚非的。但是，假如爲了榮譽而費盡心機、不擇手段，反而不做正事，那就是一種非常危險的做法。

戰國時期，齊國東阿地區有一個不做實事、沽名釣譽的軍政長官。從他任職以後，讚揚他功績的話紛紛傳到京城，齊威王左右也有不少人爲他說好話，極力吹噓他治理東阿如何有功。

齊威王便派人實地調查，發現那裡田地荒蕪、人民饑饉；與東阿相鄰的薛陵遭到趙國和衛國進攻的時候，他也不派兵救援。

於是，齊威王召見了他，斥責他「厚幣事吾左右以求譽」，當天就把他處以極刑，連那些接受賄賂、替他求譽的人也落得同樣下場。

踏實而淡定的人生，才可以高枕無憂；心無奢望的心態，方能心神飄逸；用心智勤勞的努力，才會獲得世人的認可。

君子坦蕩蕩，小人常慼慼

《菜根譚》中寫道：「心體光明，暗室中有青天；念頭暗昧，白日下有厲鬼。」「機動的，弓影疑為蛇蠍，寢石視為伏虎，此中渾是殺機；念息的，石虎可作海鷗，蛙聲可當鼓吹，觸處俱見真機。」意思是說：一個心地光明磊落的人，即使立身在黑暗世界，也像站在萬里晴空之下一樣。一個人的慾念邪惡不端，即使生活在青天白日之下，也像被魔鬼纏身一般終日膽顫心驚。一個好用心機的人，就容易產生猜忌，於是會把杯中映出的弓影誤當成蛇蠍，甚至遠遠看見石頭，都會看成是臥虎，結果內心充滿了殺氣；一個心平氣和的人，即使遇見凶殘如石虎一般的人，也能把他感化得像海鷗一般溫順，把聒噪的蛙聲當作悅耳的樂曲來聽，結果到處都是一片祥和之氣，從中可以看到人生中的真諦。

「君子坦蕩蕩，小人常慼慼」，這是孔子關於君子與小人形象的一個著名的描述。這句話的意思是說：君子胸懷坦蕩、心底寬廣，而小人卻經常憂心忡忡。即「君子心胸寬廣，小人經常憂愁。」

有一次孔子的弟子司馬牛請教如何去做一個君子，孔子回答說：「君子不憂愁，不恐懼」。司馬牛不大明白，接著又問：「不憂愁不恐懼，這樣就可以稱作君子了嗎？」孔子的回答是：「內省不疚，夫何憂何懼？」也就是說，如果自己問心無愧，有什麼可以憂愁和恐懼的呢？當然，如果心中有鬼，問心有愧，就是另外一種情形了。

南唐時候，當塗縣的縣令叫王魯。這個縣令貪得無厭，財迷心竅，見錢眼開，只要是有錢、有利可圖，他就可以不顧是非曲直，顛倒黑白。在他做當塗縣令的任上，做了許多貪贓枉法的壞事。

常言說，上樑不正下樑歪。這王魯屬下的那些大小官吏，見上司貪贓枉法，便也一個個明目張膽的做壞事，他們變著法子敲詐勒索、貪污受賄，巧立名目搜刮民財，這樣的大小貪官竟佔了當塗縣官吏的十之八九。因此，當塗縣的老百姓真是苦不堪言，一個個從心裡恨透了這批狗官，總希望能有個機會好好懲治他們，出出心中怨氣。

一次，適逢朝廷派員下來巡察地方官員情況，當塗縣老百姓一看，機會來了。於是大家聯名寫了狀子，控告縣衙裡的主簿等人營私舞弊、貪污受賄等種種不法行爲。

狀子首先遞送到了縣令王魯手上。王魯把狀子從頭到尾只是粗略看了一遍，這一看不打緊，卻把這個王魯縣令嚇得心驚肉跳，渾身上下直打哆嗦，直冒冷汗。原來，老百姓在狀子中所列舉的種種犯罪事實，全都和王魯自己曾經做過的壞事相類似，而且其中還有許多壞事都和自己有牽連。狀子雖是告主簿幾個人的，但王魯覺得就跟告自己一樣。他越想越感到事態嚴重，越想越覺得害怕，如果老百姓再繼續控告下去，馬上就會控告到自己頭上了，這樣一來，朝廷知道了實情，查清了自己在當塗縣的胡作非為，自己豈不是要大禍臨頭！

王魯想著想著，驚恐的心怎麼也安靜不下來，他不由自主的用顫抖的手拿筆在案卷上寫下了他此刻內心的真實感受：「汝雖打草，吾已驚蛇。」寫罷，他手一鬆，癱坐在椅子上。

那些做了壞事的人，常常是做賊心虛，當真正的懲罰到來之前，只要有一點什麼風吹草動，他們也會聞風喪膽。為人還是要努力約束自己、奉公守法的好。

君子不欺暗室

《菜根譚》中寫道：「惡忌陰，善忌陽。故惡之顯者禍淺，而隱者禍深；善之顯者功小，而隱者功大。」意思是說：一個人做了壞事最可怕的是不容易被人發覺，做了好事最忌諱的是自己宣揚出去。所以，做壞事如果能及早被人發現，那災禍就會小些，如果不容易被人發覺，那災禍就會大些；如果一個人做了好事而自己到處宣揚，那功勞就會變小，只有在暗中默默的做好事，才會功德圓滿。

古人講修身主要是對自我道德的完善，俗話說問心無愧，所謂天知、地知、你知、我知，天網恢恢，疏而不漏。所以儒家教人修養心性，必須要從細處下功夫。這正是《菜根譚》中所強調的：「青天白日的節義，自暗室漏屋中培來；旋乾轉坤的經綸，從臨深履薄中繰出。」

意思是說：一般光明磊落的人格和節操，可說都是在暗室漏屋的艱苦環境中磨練出來的，凡是一種足可治國經邦的偉大政治韜略，都是從小心謹慎的做事態度中磨練出來的。

在別人看不見的情況下，也不要做任何見不得人的事情，因爲冥冥之中必然有人監視我們的言行。古代的很多志士仁人早就認識到「惡忌陰」的道理，而且奉行「不欺暗室」、光明磊落的爲人處世法則，楊震就是這方面的傑出代表。

提起東漢人楊震，不少人感到陌生，有些人只是對他的卻金「四知」熟悉。這個史料，在反腐敗的文章裡是經常被引用的。

楊震在出仕東萊太守期間，因公務途經昌邑。縣令王密本是荆州的茂才，曾得到楊震的推薦。這天已夜裡，王密謁見楊震時，從懷裡取出黃金十斤相贈。

楊震毅然拒絕，說：「故人知君，君不知故人，何也？」

王密說：「暮夜無知者。」楊震還是推卻不受，嚴肅的說：「天知，神知，我知，子知，何謂無知！」王密見他如此廉正摯誠，只好羞愧的出門而去。

楊震是宏農華陰（今屬陝西）人，曾執教講學二十餘年，年五十始出仕，歷任荊州刺史、涿郡太守、司徒、太尉等職。

他是大器晚成，雖五十歲才當官，但官運亨通。按說，這麼大的年紀才當上官，是很不容易的，用今天某些貪官的話講，有權不用就會過期作廢。但他卻爲政清廉，無私無畏，眼裡容不得半點沙子。

楊震的生活並不富裕，他的家人，經常吃青菜和粗糧，出門也都是以步代車。親朋故舊誠意勸他，要他爲自己的子孫後代著想，趁當官之際開辦私人產業，從中牟取利潤。但是，楊震始終沒有同意。

他說：「不給子孫購置產業，而是留下了清白廉正的名聲，不也是十分豐厚的遺產嗎！」

由於楊震敢於與邪惡勢力抗爭，最後終致被誣自殺。

幸好歷史是公正的。順帝時，楊震得到平反。朝廷爲嘉獎他的忠貞，以禮改葬於華陰潼亭（今陝西潼關關西大道北），並立於石上，其碑至今猶存。楊震雖然已死了一千八百七十六年了，但他和他的卻金「四知」，仍被世人所傳頌。

雖然我們不相信因果報應，但是，我們不能不相信「天網恢恢，疏而不漏」。

有句古話說的好：「懼法朝朝樂，欺公日日憂」，這句古話的意思是：一個人在法律面前，有畏懼感，時刻不敢違法，只能遵守，那麼這個人每天都會得到歡樂，平安與幸福；反而，一個人在法律面前，無畏無懼，時刻想不遵守法律，天天想與法律爭高下，做一些違法的事情，那麼這個人就會日日不得安寧，天天怕法把他暴露在光天化日之下，時時怕自己被繩之於法，他的日子能不憂愁嗎？

傳統醫學認爲，人的七情六慾與人的五臟六腑有著密切的關係。《內經》說：喜則傷心，怒則傷肝，驚則傷腎，思則傷脾。因此，我們要善待自己，做到身與心和諧。不要給自己增加罪惡感。也就是在我們爲人處事的時候，不要做損人利己的事情，不要做事後使內心不安的事情，不要做使自己有負罪感的事情。

這種思想和行爲，日本醫學博士春山茂雄把它叫作「弊導思維」。他研究的結果證明，弊導思維有害於人的身體健康。實驗證明，當人產生

「弊導思維」時，大腦就會分泌出一種有毒的荷爾蒙——去正腎上腺素，使人引起疾病，加速老化，導致早死。因爲實驗證明，去正腎上腺素的毒性是自然界毒蛇的三倍。

現實生活中的腐敗分子，他們的腐敗行爲就是在給自己增加罪惡感。因此，腐敗的思維、行爲、行爲後的心理陰影使人在自身產生一種有毒的「自攻擊體」，去摧殘人的身體。

巴西一名阿尼塞托．馬丁斯醫生經過十年的對比、研究，發現五百八十三名不廉潔的官員有百分之六十生病和死亡；另外五百八十三名廉潔的官員中，生病和死亡的只有百分之十六。

他在研究報告中指出：「當違反道德準則時，在精神和身體上就會受到自體的攻擊，最終導致疾病和死亡。」這是他著名的「腐敗死亡論」。

一切以權謀私的腐敗分子都是惡人和壞人，他們唯一的出路就是改惡去壞從善。否則，他們必然受到懲罰，即使逃脫了法律的制裁，也無法逃脫「自攻擊體」的制裁。這也是《老子》「天網恢恢，疏而不失」的科學依據。

小處不滲漏，末路不怠荒

《菜根譚》中寫道：「肝受病則目不能視，腎受病則耳不能聽。病受於人所不見，必發於人所共見。故君子欲無得罪於昭昭，先無得罪於冥冥。」「小處不滲漏，暗處不欺隱，末路不怠荒，才是真正英雄。」意思是說：肝臟感染上疾病，眼睛就看不清；腎臟染上疾病，耳朵就聽不清。病雖然生在人們所看不見的地方，但是病的症狀必然發作於人們所能看見的地方。所以，君子要想做到表面沒有過錯，必須先從看不到的細微地方下功夫。做人做事即使是細微的地方也不可粗心大意、有所疏漏，要處處小心謹慎；即使在沒人聽見、沒人看見的地方，也絕對不可以做見不得人的壞事；尤其當你於窮困潦倒不得意的時候，仍舊不能忘掉奮發上進的雄心壯志。這樣的人才算得上是真正有作為的英雄人物。

明朝年間，有一個名叫羅倫的讀書人。他爲人忠厚，讀書勤奮。這年，他由僕人陪同，進京赴試。

他們路過山東時，僕人揀到一隻金鐲。他乘人沒注意，悄悄的把金鐲揣入了懷中。

過了五六天，羅倫在旅店中盤點行資，點著點著，不由得雙眉緊皺起來。僕人問他爲何悶悶不樂，羅倫說：「到達京城，還需要好多天，路費恐怕不夠了。」

僕人聽了，不慌不忙的說：「相公不必憂慮，小人自有辦法。」

羅倫好奇的問：「你有什麼辦法呢？」

「我在山東拾到一隻金鐲，把它賣掉，就足夠了。」僕人得意的回答。

羅倫沒料到僕人竟會做出這種事來，頓時聲色俱厲：「別人的東西，我們怎麼能佔爲己有呢？快快準備，返回山東，想辦法找到失主！」

僕人爲難的說：「再回山東，往返多日，豈不誤了你的考期？」

羅倫壓下怒火，耐心的對僕人說：「遺失貴重物品的人，肯定焦急萬分，說不定會出人命的。寧肯誤考，也要送還。」

僕人又羞又愧，二話不說，備好馬匹，和羅倫急急忙忙返回山東。果然不出羅倫所料，原來一家主婦洗臉時，不小心將金鐲落入盆中。侍女不知，連水帶鐲一起潑掉了。

主婦找不到金鐲，懷疑被侍女偷去，百般拷打，逼她招認。主婦的丈夫得知此事，又懷疑妻子有外遇，將金鐲送給了情夫，因而整日辱罵不休。

侍女和主婦有口難辯，二人各懷冤屈之情，準備懸樑自盡。多虧發現得早，才救下了這兩條性命。

正當這家人鬧得紛紛擾擾的時候，羅倫主僕二人聞訊趕到了。他們送還了金鐲，又好言好語安慰了主婦和侍女一番。失主全家深受感動，千恩萬謝，喜淚橫流。

羅倫雖然耽誤了考期，但一點兒也不後悔。他意味深長的對僕人說：「如果找不到金鐲的失主，我會一輩子心中不安的。」

清朝名臣曾國藩指出：「慎獨則心安。自修之道，莫難於養心；養心之難，又在慎獨。能慎獨，則內省不疚，可以對天地質鬼神。」一個人沒有一件內愧之事，則能坦蕩泰然，心安理得，生活才能輕鬆快意。

常自我反省

《菜根譚》中寫道：「反己者，觸事皆成藥石；尤人者，動念即是戈矛。一以辟眾善之路，一以浚諸惡之源，相去霄壤矣。」意思是說：一個經常自我反省的人，他日常不論接觸任何事物，都會變成修身戒惡的良藥；一個經常怨天尤人的人，只要思想觀念一動，就像是戈矛一樣帶來殺氣指向別人。可見，自我反省是使一個人通往行善的途徑，而怨天尤人卻是走向各種奸邪罪惡的源泉，兩者之間真是有天壤之別。

孔子也曾強調：「吾日三省吾身。」一個人透過自省，進行自責，能夠及時檢查並發現自己的每一個細小過失，進一步有目的地嚴格要求和提高自己，防微杜漸，不斷鞭策自己前進。

「省」，對我們來說，就是要在實踐中，經常回顧和檢點自己的言行，肯定成績，找出不足，判明是非，提高認知。可以說，聖人之所以超凡脫俗，往往就是善於自我反省、自我改進的結果。

一個人只要多反省自己、不斷總結經驗教訓，就能提高自己。樂於自省的人是工作、生活中深思熟慮的人。樂於自省是一個人自覺性的表現，能這樣做，其進步必然快。古人云：「反己者，觸事皆成藥石。」一個人只要多反省自己，任何事都可以變成自己的借鑒，作爲自己行爲的標準，不斷總結經驗教訓，提高自己。

二、快意時需早回頭

天之機緘不測，抑而伸、伸而抑，皆是撥弄英雄、顛倒豪傑處。

君子只是逆來順受、居安思危，天亦無所用其伎倆矣。

——明・洪應明《菜根譚》

恩裡由來生害，故快意時須早回頭。

——明・洪應明《菜根譚》

命運掌握在自己的手裡

《菜根譚》中寫道：「人生原是傀儡，只要把柄在手，一線不亂，卷舒自由，行止在我，一毫不受他人提掇，便超此場中矣。」意思是說：人生本來就像演一場木偶戲，只要你能把控制木偶活動的線掌控好，那麼你的一生就會進退自如，去留隨便，絲毫不受他人或外物的操縱。能做到這些，你就可以超然置身於煩囂的塵世之外。

這就是告訴我們：自己的命運掌握在自己的手裡，應該隨自己的意願去發展。

相傳在明朝，有一位泉州秀才梁炳麟赴京去會考。

考完試以後，梁炳麟自覺考得不錯，心情愉快的準備回泉州等待放榜。途經揚州借宿在一間天公廟裡，晚上睡覺時就夢到福祿壽三仙在唱詞做樂，詞意優雅，清晰可聞。第二天，梁炳麟起床自以為得了吉兆，就到大殿去抽籤，結果他抽中的簽是上上籤：

三篇文章入朝廷，
中得三項甲文魁。
功名威赫歸掌上，
榮華富貴在眼前。

他當下以爲一定可以高中狀元，就興致勃勃回到泉州等待佳音。不料放榜時竟然名落孫山，梁炳麟心灰意冷，百思不得其解爲什麼神明要捉弄他。

後來他藉刻木偶演戲來抒發自己的情感，並自創戲文，演給鄉親娛樂，沒想到大受歡迎，在泉州一帶造成轟動，常有人不辭千里來看他演戲。梁炳麟的心靈找到寄托，從此無意仕途。

有一天，他正在上演文狀元的戲時，突然想起從前抽籤的籤詩：「功名威赫歸掌上，榮華富貴在眼前」，才知道籤詩中有深遠的含義。

梁炳麟自此更潛心創作布袋戲，成爲布袋戲的一代宗師。他的徒子徒孫更進一步發揚他的技藝，使布袋戲成爲明朝以來閩南最重要的戲劇形式，梁炳麟也因此名傳青史。

古來多少狀元，如今大多煙消雲散，他們一世功名瞬間無蹤，還不如梁生的「功名歸掌上」呢！

功名威赫固然在掌上，潦倒一生又何嘗逃得出手掌心呢？命運掌握在自己的手中，肯於努力，敢於與命運抗爭，才能使自己的人生朝著自己所希望的方向發展。

在生活中，常常聽到很多人說：「再爭也爭不過命，人算不如天算。」就連諸葛亮也說：「謀事在人，成事在天。」可是一切事在人爲，如果成事在天，那麼一定需要人來謀事，如果人不謀事，天如何能成事？

有這樣一個古代故事：

一個算命的先生給兩個同一天出生的孩子算命，說一個孩子出生的時辰好，將來可以做國王；而另一個孩子出生的時辰很差，將來會當乞丐。被算能做國王的孩子全家都非常高興，被算做乞丐命的孩子很灰心。但是，那個被算做乞丐命孩子的媽媽對自己的孩子說：「孩子，其實你才是那個好時辰生的，將來能做國王，是媽媽怕你驕傲，故意說錯了時辰。」於是，這個孩子學習非常刻苦，多年以後，真的做了國王。而那個被算做國王命的孩子認爲自己是天生的國王，不思進取、好逸惡勞，多年後卻淪落爲乞丐。讓人感慨的是，這時那個已經成爲國王的孩子的母親，卻告訴自己的兒子：「其實你並不是那個好時辰生的。」這是多麼大的諷刺啊！具有國王命的孩子成了乞丐，而具有乞丐命的孩子卻成了國王。

人算與天算，關鍵還是要人算。只要我們一步一腳印去努力進取，就會走向成功。我們無須無端的抱怨自己的付出沒有結果，需要牢記的是：「只問耕耘，不問收穫；不斷耕耘，必有收穫！」如果我們暫時還沒有取得值得自己和家人驕傲的成績，那麼我們不妨平心靜氣的問自己：「你努力得夠嗎？你竭盡全力了嗎？」如果自己不去努力，上天如何成全你？

對順境和逆境一視同仁

《菜根譚》中寫道：「苦心中常得悅心之趣；得意時便生失意之悲。」「子生而母危，鏹積而盜窺，何喜非憂也？貧可以節用，病可以保身，何憂非喜也？故達人當順逆一視，而欣戚兩忘。」意思是說：在困苦的環境中能堅持原則，把握方向，不斷奮鬥，常常可以感受得到內心奮鬥的喜悅。只有這種喜悅，才是人生中真正的樂趣。反之，如果在得意時有過分狂妄的言行，往往會因此種下日後禍患的根苗，導致痛苦的悲哀。生孩子固然是喜，但對母親而言卻是一種危險；雖積蓄金錢卻又容易引起盜匪的窺視。可見，任何一種值得高興的事情，都附帶有危險。貧窮雖然可悲，但可以迫使人勤儉，疾病雖然很痛苦，但卻使人學會保養身體的方法。可見，任何值得憂慮的事也都伴隨著歡樂。所以，一個心胸開闊的人，總能把順境和逆境一視同仁，因此也就自然忘掉高興和憂傷了。

正如老子所說：「禍兮，福之所倚；福兮，禍之所伏。」客觀事物的規律難道不正是這樣嗎？福中潛藏著禍，禍中萌生著福。在一定的條件下，壞的東西可以引出好的結果，好的東西也可以引出壞的結果來。

寓言故事「塞翁失馬」就很明白的闡述了這一哲學思想。

靠近邊塞的地方，住著一位老翁。老翁精通術數，善於算卜過去未來。

有一次，老翁家的一匹馬，無緣無故掙脫羈絆，跑入胡人居住的地方去了。鄰居都來安慰他，他心中有數，平靜的說：「這件事也許是福啊！」

幾個月後，那匹遺失的馬突然又跑回家來了，還帶著一匹胡人的駿馬一起回來。鄰居們得知，都前來向他表示祝賀。老翁無動於衷，坦然道：「這樣的事，也許是禍啊！」

老翁家畜養了許多良馬，他的兒子生性好武，喜歡騎術。有一天，他兒子騎著烈馬到野外練習騎射，烈馬脫韁，把他兒子重重的摔了個仰面朝天，摔斷了大腿，成了終身殘疾。鄰居們聽說後，紛紛前來慰問。老翁不動聲色，淡然道：「這件事也許是福啊！」

又過了一年，胡人侵犯邊境，大舉入塞。四鄉八鄰的精壯男子都被徵召入伍，拿起武器去參戰，死傷不可勝計。靠近邊塞的居民，十室九空，在戰爭中喪生。惟獨老翁的兒子因跛腳殘疾，沒有去打仗。因而父子得以保全性命，安度殘年餘生。

後來，從這個故事中發展出這樣的格言：「塞翁失馬，安知非福；塞翁得馬，焉知非禍？」它頻頻出現於文學作品或日常口語中，或用來說明世事變幻無常，或比喻因禍可以得福，壞事可以變爲好事。一切事物都在不斷發展變化，好事與壞事，這矛盾的對立雙方，無不在一定的條件下向各自的相反方向轉化。由此可見，福與禍是有很密切的聯繫的。

在人生的道路上受一些災禍，從整個人生著眼未嘗不是好事。人一遭受災禍，就內心畏懼，跌了幾次跤後，處世就謹慎。畏懼恐慌，就不敢胡作非爲，行爲就會正派端莊；謹慎就不至於輕率馬虎，行動之前就會深思熟慮了，三思而行、按事理辦事，就容易成功。

人生開始的事太平坦了，很早就在事業上大紅大紫，處處受到人們的羨慕和捧場，這容易使人驕傲放縱和忘乎所以。一驕縱，就容易走上邪路，行爲淫惡放蕩，舉措違背常情，於是，就可能由成功的頂峰滑向慘敗的深淵，由幸運兒一變而成爲倒霉鬼，有的甚至從此一蹶不振。在這種情況下，福也就是禍了。所以，一個心胸開闊的人，總能對順境和逆境一視同仁，因此也就自然把暫時的成敗得失看得很淡，達到了「欣戚兩忘」的境界。

過猶不及，要把握好分寸

《菜根譚》中寫道：「憂勤是美德，太苦則無以適性怡情；淡泊是高風，太枯則無以濟人利物。」「氣像要高曠，而不可疏狂；心思要縝緘，而不可瑣屑；趣味要沖淡，而不可偏枯；操守要嚴明，而不可激烈。」「儉，美德也，過則為慳吝、為鄙嗇，反傷雅道；讓，懿行也，過則為足恭、為曲謹，多出機心。」

意思是說：用心盡力去做事，本來是一種很好的品德，但是過於認真而使心力交瘁，使精神得不到調劑就會失去生活樂趣；把功名利祿看得很淡本來是一種高尚的情操，但是過分的清心寡慾，對社會大眾就不會做出什麼貢獻了。一個人的氣質要寬宏廣闊高瞻遠矚，卻不可流於粗野狂放；思想要細緻周詳，卻不可繁雜紛亂；生活情趣要清淡，但不可以過於枯燥單調；言行志向要光明磊落，但不可流於偏激剛烈。節儉樸素本來是一種美德，然而過分節儉就是小氣，就會變成爲富不仁的守財奴，這樣反而會傷害到一些正常的交往。謙讓本來也是一種美德，可是如果太過分，就會變成是卑躬屈膝處處討好人，這樣會給人一種好耍心機的感覺。

上述言論，強調的都是「過猶不及」，爲人處世要把握分寸的中庸思想。孔子說：中庸這種道德，是最高的境界。爲人處世，不要過分，也不要不及，過分與不及，都是偏離目標，不能達到目的的。

從前，有一個莊稼漢，一生沒有看過鹽巴，更沒吃過鹽巴。

有一天，有一個機會到顯貴人家去做客，他第一次看到人家把鹽巴加進飯菜裡一起煮，覺得很好奇，就問他們說：「爲什麼要在飯菜裡面加這種東西呢？」

「因爲加了鹽巴才會好吃，就像天上的佳餚美饌一樣呀！」顯貴人家說。

莊稼漢聽了心裡頭便想：「這種白鹽巴，加一點點在飯菜裡面，就這麼好吃，如果單獨只吃鹽巴，吃得愈多，味道一定愈美味。」

於是，他迫不及待的抓了一大把的鹽巴就往嘴裡塞。唉呀！沒想到又鹹又苦，實在是難以下嚥。

他氣不過去，馬上跑去問這位主人：「你不是說鹽巴很好吃嗎？」

主人說道：「你怎麼這麼笨呢，鹽巴不是這樣吃的，應該要適量使用，才能增加食物的美味。哪像你只是吃鹽巴的！」

金錢就像做菜的食鹽，生活中少不了它；但是，如果貪得無厭，就品嚐不到應有的美味。什麼事情都講究適度的原則。「富貴於我如浮雲」，不貪得無厭，心境也就自然平靜清涼。每個人都希望自己有所得，有所成就，有所收穫。什麼是最大的收穫呢？你不滿足，就是睡在天堂也如地獄；假如你滿足，地獄也如天堂，所以滿足是最大的收穫。

在處理人際關係上，孔子也始終堅持中庸的原則。

孔子說：「愛之欲其生，惡之欲其死。既欲其生，又欲其死，是惑也。」意思是：喜歡一個人時恨不得叫他長命百歲，一旦厭惡他又恨不得叫他馬上就死。既想要他長壽，又想要他短命，這就是迷惑了。在這裡，孔子意識到人的感情是容易衝動的。所以，在處理人際關係時，需要抑制感情，掌握分寸，不可意氣用事，從一個極端走向另一個極端。

有人問孔子：如果有人仇恨我，我「以德報怨」可以嗎？

孔子回答：「何以報德？以直報怨，以德報德。」孔子這句話的意思是：如果你用恩德去報答怨恨，那麼你又用什麼去報答恩德呢？應該用正直去報答怨恨，用恩德去報答恩德。「以德報怨」和「以怨報怨」，這是回報怨恨的兩種極端的態度，都不合中庸之理。所以，孔子認為，正確的應是「以直報怨」，這才合乎中庸之道。

為人處世，行動取捨都不可失去分寸，失去分寸便會亂套，便會壞事，便會受到懲罰；飲食無度，便會傷身；貪婪無度，可能招來殺身之禍；玩笑無度，會傷感情，有時無意中一句玩笑話就會與人結怨。

我們喜歡自由的生活，其實，從人立身處世的行為方式看，這自由，歸根究柢，還是分寸中的自由，也只有在一定條件下和一定範圍內，我們才能享受自由。

中庸是一種平常之道，它的實現並非需要有什麼特殊的方式，然而真正實現它，將它貫穿到人生實踐的一切方面，則並非易事。因為現實中存在著許多缺乏應有道德修養的小人，這些人的行為完全為生理慾望、自然本能所驅使，以致使他們失去了道德的節守。而社會環境又給人們設下了種種陷阱，誘惑與壓迫，使許多人無法抗拒對富貴利祿的追逐，從而與世俗同流合污。因此，中庸這種平常之德，這種人人可實踐、人人應當實踐的生活準則，在自然慾望和社會慾望的雙重誘惑下，就成爲一種「唯聖者能之」的品德。這也告訴人們，中庸的實現決非易事，它需要有一種堅忍不拔、鍥而不捨的精神。

富貴不長在

《菜根譚》中寫道：「富貴名譽自道德來者，如山林中花，自是舒徐；繁衍自功業來者，如盆檻中花，便有遷徙廢興。若以權力得者，如瓶缽中花，其根不植，其萎可立而待矣。」

意思是說：一個人榮華富貴的顯名，假如是從道德修養中得來，那就好比生長在大自然環境中的野花，會不斷繁殖，綿延不絕；如果是從建功立業中得來，那就如同生長在花園中的盆景一般，只要稍微移植或搬動，花木的成長就會受到嚴重的影響；假如是靠特權甚至惡勢力而得來，那就好像插在瓶中的花朵，由於根部並沒有栽植在土中，所以，花的凋謝枯萎指日可待。

這裡，深刻的闡釋了「富貴不會持久」的道理。道教始祖老子說：「金玉滿堂，莫之能守。」表達的也是同樣的意思。

榮華富貴的確是一道眩目的光環，羨慕他人的榮耀時，且不要產生嫉妒，拭目看看光環掩映下的「廬山真面目」，會使自己先冷靜下來。

有一對表兄弟感情很好，表哥叫臨濟，表弟叫元安，兩人年齡只相差一歲，是很要好的朋友。

這表兄弟兩人的性格很不一樣，臨濟遇事冷靜，不愛虛誇張揚，性格內向、穩重；元安卻好說好動，喜歡表現自己，性格外向、輕率。

這一天，元安到臨濟家做客，臨濟設酒席款待他。表兄弟兩個邊喝邊聊，興致很高。

不知不覺，酒至半酣，元安十分得意的對臨濟說：「表哥，告訴你一個好消息，你一定會替小弟高興的。」

臨濟關切的問：「表弟有什麼喜事，快說來愚兄聽聽。」

元安說：「小弟前日已得縣令賞賜，就要被提升了。」

看著元安那副高興的樣子，臨濟並沒有一絲笑意，也沒有一句表示祝賀或恭維的話。元安原本以爲會得到表哥的讚賞，可是臨濟的表現卻使他很失望。

看看天色已晚，元安這才想起應該回家了。

他起身告辭時，臨濟卻一把拉住他，語重心長的對他說：「小弟，讓我告訴你一件事吧！有一條赤尾鯉魚，樣子十分好看，它自己也甚是得意。這一天，鯉魚搖著頭，擺著紅色的尾鰭，向著南方游去了。可是它這一去，連它自己都不知道會游到那兒。如果游到寬闊的河裡，那還算幸運；如果是游到了別人家醃魚肉的缸裡，那豈不是死路一條嗎？」

臨濟一番話，元安立刻深感慚愧，自覺不如臨濟。

人生的福禍是難以預料的。在順利的時候，好運來臨的時候，如果不保持清醒的頭腦，得意忘形，忘乎所以，就可能招致災禍。因此，要時刻保持警醒，謹慎處世。

戰勝名利的引誘，遠離宦海的危機

《菜根譚》中寫道：「我不希榮，何憂乎利祿之香餌；我不競進，何畏乎仕宦之危機？」意思是說：我如果不希望榮華富貴，又何必擔心他人用名利作餌來引誘我呢？我如果不和人爭奪高低，又何必畏懼在官場中所潛伏的危機呢？

睿智的古人勸誡世人：捉魚捕獸必須用香餌作誘引。人欲圖高官顯爵，也需要以利祿來賄送才能達成心願。但是，一旦做了官之後，又得去應付非常的苦惱，這時候再想脫身已來不及了。所以，利祿是捕捉人才的香餌，居官的人不可不小心啊！

戴晉生是個很有才學的人，平日裡與朋友們一起或作詩寫字，或品評國事，總表現出不凡的思想與見地，很受朋友們尊重。

魏王聽說了戴晉生的非凡才幹，很渴望見到戴晉生，於是吩咐下屬將戴晉生請來。戴晉生來到魏王宮中，魏王一看，此人雖衣著寒酸卻相貌不凡，在魏王面前站著，神態自若，毫無謙卑之態。魏王笑著請戴晉生坐，和他親切交談。談話間，魏王覺得戴晉生果然滿腹經綸，是經國濟世之才，於是產生了要留戴晉生在宮中做官的想法。

魏王說：「請先生留在宮中，我封你為上大夫，怎麼樣？」

戴晉生一聽，笑了笑說：「實在對不起，我對做官不感興趣。」

魏王說：「你出來做官，身為上大夫，出入有氣派，家人生活富裕，不是比你現在的境況好得多嗎？」

戴晉生依然笑笑，擺擺手，起身告辭了魏王。

回家後，朋友們知道了這件事，很不理解：戴晉生爲什麼放著這麼好的事不去做？他的妻子也埋怨他不該拒絕魏王。面對朋友們和家人的勸說，戴晉生還是一笑了之。

過了幾天，戴晉生去見魏王，依然穿著那身破舊的衣服。

魏王見他那副模樣，對他說：「前幾天，我那樣誠懇的賜你上大夫的優裕地位和俸祿你都不肯留下來，今天怎麼又來拜訪我呢？」

戴晉生笑了笑，不無遺憾地說：「看起來，真是不值得和您往來呀，原本我還打算把您視爲朋友交往的，可是您對我太不瞭解了。您見過那沼澤荒地中的野雞嗎？它沒有人用現成的食物餵養，全靠自己辛勤覓食，總要走好幾步才能啄到一口食，常常是用整天的勞動才能吃飽肚子。可是，它的羽毛卻長得十分豐滿，光澤閃亮，能和天上的日月相輝映；它奮翅飛翔，引吭長鳴，那叫聲瀰漫在整個荒野和山陵。您說，爲什麼會這樣呢？

因爲野雞能按自己的意志自由自在的生活，它不停的活動，無拘無束的來往在廣闊的天地之中。現在如果把它捉回家，餵養在糧倉裡，使它不費力氣就能吃得飽飽的，它必然會失去原來的朝氣與活力，羽毛會失去原有的光潤，精神衰退，垂頭喪氣，叫聲也不雄壯了。您知道這是什麼原因嗎？是不是餵給它的食物不好呢？當然不是。只是因爲它失去了往日的自由，禁錮了它的志趣，它怎麼會有生氣呢！」

其實，自由是比任何物質的享受還要珍貴得多的。野雞尚且如此，更不用說人了。

每個人都應該有自己的理想和追求。對於真正珍惜生命、熱愛生活的人來說，更注重的是追求自由，淡泊名利。相對於過分貪婪和追逐名利的人而言，這是一種更高層次的生活態度。

古人以不貪為寶

《菜根譚》中寫道：「人只一念貪私，便銷剛為柔，塞智為昏，變恩為慘，染潔為污，壞了一生人品。故古人以不貪為寶，所以度越一世。」

意思是說：一個人只要心中剎那間出現一點貪婪或偏私的念頭，那他就容易把原本剛直的性格變得很懦弱，原本聰明的性格被蒙蔽得很昏庸，原本慈悲的心腸就會變得很殘酷，原本純潔的人格就會變得很污濁，結果是毀滅了一輩子的品德。所以，古聖賢認為，做人要以「不貪」二字為修身之寶，這樣，才能超越他人，戰勝物慾，度過一生。

一個已經裝滿水的杯子，肯定不能再往裡面加水了。因爲再加水，就會溢出來；一條完全拉展的橡皮筋，絕對不可以再繼續拉了。再拉，就會崩斷。這種滿盈緊崩的道理，其實所有的人都明白。但是，我們一旦將這種現象與克制我們的慾望聯繫起來，就不是每個人都能看清楚，想明白，做得到的了。

俗話說：「慾海難塡。」爲什麼？因爲人心貪得無厭。我們都見到過賭徒在賭場中的情景，贏的人固然開懷大笑，輸的人卻是頓足捶胸。但是，不管是輸是贏，總之是沒有誰願意輕易的離開。因爲贏的人想贏得更多，輸的人想翻回本錢。最後，贏的仍會輸光，輸的只會輸得更慘。

早在秦朝，宰相李斯可以說是聲名赫赫、不可一世。直到後來，他成了階下囚，臨行刑的時候，他對他的小兒子說：「我跟你還能夠牽著咱們那條捲尾巴的黃狗，穿過上蔡縣城的東門，到山上去追獵野兔嗎？」這正是一個爲物慾所累者，對於平靜恬淡的生活重新渴望的真實寫照。然而，此時才想到返樸歸真，爲時晚矣！

「千古一帝」秦始皇，橫掃六國一統江山，天下財富皆歸於他，如果按照老子的觀點，他應當「功成名遂身退」了。

然而，這位始皇帝卻偏偏沒有滿足。爲了滿足自己的奢欲，他在首都附近大興土木，製造阿房宮，修造驪山墓，所耗民夫竟達七十萬人以上。

據記載，阿房宮的前殿東西寬達七百多米，南北差不多一百一十五米。殿門用磁石砌成，目的是防止來人帶兵器行刺秦始皇。

除此以外，秦始皇單在咸陽周圍就建宮殿兩百七十多座，在關外的行宮竟有四百多座，關內有三百多座。

修建這樣龐大的工程，當然需要大量的勞力、物力、財力。據估算，當時服兵役的人數遠遠超過兩百萬人，占當時壯年男子人數的三分之一以上。龐大的工程開支加上龐大的軍費開支，造成了「男子力耕，不足糧餉，女子紡織，不足衣服，竭天下之資財以奉其政」的悲慘局面，致使民不聊生，百姓過著「衣牛馬之衣，食犬口之食」的痛苦生活。

最終，他的萬世皇帝夢只維持了短短十五年。

從古至今，人莫不愛財慕富、貪愛榮華，可是有誰能夠把金銀珠寶永久的保存在自己手中呢？無論是權傾天下的王公貴族，還是君臨天下的帝王，都沒有能夠做到。

他們把自己與珠寶埋葬在一起，並設計了各種機關，以為可以永久享受。其結果卻是珍寶被偷盜一空，甚至屍骨也被棄之荒野。錢財權勢永遠是流轉的，它不會是某個人的私屬品，沒有誰能夠長久獨佔。如果我們的品行道德能夠與財富與權勢相得益彰的話，才算是擁有天大的財富。

面對利與害，我們該怎麼做呢？

《勸忍百箴》中講到的利害時認爲：「利是人們喜愛的，害是人們都畏懼的。利就像害的影子，形影不離，怎可以不躲避。貪求小利而忘了大害，如同染上絕症難以治癒。毒酒裝滿酒杯，好飲酒的人喝下去，會立刻喪命。這是因爲只知道喝酒的痛快，而不知其對腸胃的毒害。遺失在路上的金錢自有失主，愛錢的人奪取而被抓進監牢，這是因爲只知道看重金錢的取得，而不知將受到關進監牢的羞辱。用羊引誘老虎，老虎貪求羊而落進獵人設下的陷阱；把誘餌扔給魚，魚貪餌食而忘了性命。」

人們大都喜歡名利，成名使人有成就感，精神振奮。得利能夠使人有滿足感，心情愉悅。一般的情況下，人們也懼怕災難，災難令人感情痛苦，心智受到損害。所謂趨利避害，是人的共同心理，無論是君子或是小人，在這一點上其實都是一樣的。只不過追求名利、逃避災害的方式不同罷了。

愚蠢不知事理的人，總是被眼前微小的利益所迷惑而忘記了其中可能隱藏的大災禍，只見利而不見害，最後導致「壞了一生人品」，毀了美好的前程。這不能不引起我們的警惕！

千萬不可貪圖小利

《菜根譚》中寫道：「非分之福、無故之獲，非造物之釣餌，即人世之機阱。此處著眼不高，鮮不墮彼術中矣。」意思是說：不是自己分內所應享受的幸福，無緣無故得到意外之財，即使不是上天故意來誘惑你的釣餌，也必然是人間歹徒用來詐騙你的機關陷阱。為人處世如果不在這些地方睜大眼睛，就很少有人能逃過歹徒的詐術圈套。

爲人處世應有些固定的原則，表現出自己的道德水準。非分之想不可有，不義之財不可要，非我之物不動心。能堅持這三條，在財與錢這一關是足以把持住自己的。

如果做不到，就可能給自身招致麻煩，甚至是災禍。對於個人來說是如此，對於一個單位甚至一個國家來說，同樣是如此。

從前，四川的西部有個叫做蜀國的國家，土地肥沃、物產豐富，很是富庶。離它不遠的秦國早就對這塊富饒的土地垂涎三尺，想要把它劃歸自己所有。可是通往蜀國的道路非常險峻，有陡峭的懸崖絕壁和萬丈深谷隔著，一跌下去就會摔個粉身碎骨，進軍的路線無法暢通，任憑秦國虎視眈眈，但一時也無可奈何。

蜀國的國君生性貪婪，總是大肆搜刮民間財富來滿足自己對金錢的貪慾，有時甚至不惜一切代價。秦國的國王秦惠王從派去探聽消息的人口中得知了蜀王的性情，覺得有機可乘。苦苦思索了很久以後，秦惠王終於想出了一條計策。

秦惠王命令工匠打造雕刻了一頭巨大的石牛，在石牛的屁股後面放了好多金銀綢緞，放出消息說這頭石牛會屙金子。

蜀國的探子把關於這頭屙金子的名牛的奇聞告訴了蜀王，蜀王聽了羨慕得不得了，暗道：要是我有這麼一頭石牛，天天給我屙金子，那該有多好啊！正在這時候，秦國的使者來了，他向蜀王說，秦惠王爲了表示秦蜀友好的誠意，決定把會屙金子的石牛送給蜀王。

蜀王大喜過望，他聽使者說石牛的身形巨大，要從秦國運到蜀國來恐怕很不方便，急忙保證說：「這個不成問題，貴國國君既然肯把石牛送給我，我哪裡有不想辦法把它運到我國來的道理呢？就請你們的國君放心好了。」

蜀王不顧大臣們的極力反對，在國內徵調了大量民工，把懸崖挖開了，把深谷也塡平了，爲了能讓石牛順利到達，把通向蜀國的險徑都修成了平坦大道。然後他派了五個大力士到秦國去迎接石牛。

貪心的蜀王哪裡料得到，秦惠王早已派遣軍隊悄悄跟在石牛後面，隨著石牛蜂擁而入，一舉滅掉了蜀國。

古人說：「人見利而不見害，魚見食餌不見鉤。」在利益的誘惑面前一定要保持清醒和冷靜，仔細權衡利弊，千萬不可貪圖小利，因小失大。

節儉而不吝嗇

《菜根譚》中寫道：「念頭濃者自待厚，待人亦厚，處處皆厚；念頭淡者自待薄，待人亦薄，事事皆薄。故君子居常嗜好，不可太濃艷，亦不宜太枯寂。」

意思是說：一個心胸開闊的人，不但要求自己的生活豐足，而且對待別人也要講究豐足，以至他凡事都要講究氣派豪華；一個慾念淡薄的人，自己過著清苦的生活，對待別人就也很淡薄，因此他凡事都表現得冷漠無情。所以，一個真正有修養的人，日常生活的愛好，既不過分講究氣派太奢侈豪華，也不能過分吝嗇刻薄。

一個人在日常生活中，淡泊節儉是必要的，但是要把握住尺度，盡量做到節儉而不吝嗇。

何謂吝嗇？簡單的說，就是小氣，是一些人對待金錢、對待財物的一種「特殊態度」。因爲它特殊，所以就有與一般人不同的特徵。

凡吝嗇的人都是金錢的奴隸，而不是主人。對這類人來說，惟有金錢、財物才是最爲重要的。

爲錢而錢，爲財而財，斂錢、斂財是這類人的最大嗜好，也是他們人生的最大目的。他們的生活公式是：掙錢、存錢、再掙錢、再存錢……他們的最大樂趣是「數錢」：今天比昨天多了多少，明天比今天還會多多少。他們的哲學是：多了還要再多，永遠不會有滿足的時候。

凡吝嗇的人一般都不懂人與人之間的感情。他們不懂得親情，不懂得友誼，不懂得同事間的感情——若是有的話，也要以金錢的標準去衡量。

他們一般的處世原則是，認錢不認人。即使是家人和朋友，也始終毫不含糊，「賬」總是算得清清的，爲了金錢有的甚至達到了「六親不認」的程度。

凡吝嗇的人一般都是自私的、貪婪的。這類人只是嫌自己發財速度太慢，總嫌發財「效率」太低，總想不勞而獲或者少勞多獲，因而挖空心思、不擇手段的算計他人、算計社會。

一般的情況是：在吝嗇者口袋裡的金錢或多或少的帶有不潔的成分，廉恥、天良、真理，都會沉溺在吝嗇者的吝嗇之中。

人不光需要財富，人更離不開親情和愛。人是感情的動物，小氣冷漠，只會割斷親情，使自己成爲孤家寡人。贍養老人，養育子女，夫妻恩愛都是人之常情，吝嗇會失去許多人類最美好的東西。

過於貪婪習性的另一種表現是，與人交往只索取不奉獻。生活中這一類人被稱作「自私自利的朋友」。

這種朋友以自我爲中心，朋友爲我所利用，用人時朝前，不用人時退後。別人是他友誼的附庸，他是居高臨下的感情施捨。

吝嗇貪婪者金錢、財富都不缺，然而其靈魂、其精神卻是在日趨貧窮。

吝嗇果真能給吝嗇者帶來愉快嗎？

不能。其實，吝嗇者的生活是最不安寧的，他們整天忙著的是掙錢，最擔心的是失去錢，惟恐盜賊將他的金錢全部偷走，惟恐一場大火將其財產全部吞噬掉，惟恐自己的親人將它全部揮霍掉，因而整天提心吊膽，坐立不安，是永遠不會愉快的。

吝嗇者果真能給人帶來幸福？

不能。因爲「小氣」，因爲狹窄，所以在這類人身上很少出現親情二字，所以其內心世界是極其孤獨的。尤其是當他們有難的時候（比如在生病中），他們才會感到缺少感情支持的悲愴，才會感到因爲吝嗇而失去的東西實在太多了，才會充分感覺到金錢的真正無能。因此，最明智的做法是，盡量做到節儉而不吝嗇。

做任何事都要留有餘地

《菜根譚》中寫道：「事事要留個有餘不盡的意思，便造物不能忌我，鬼神不能損我。若業必求滿，功必求盈者，不生內變，必招外憂。」意思是說：不論做任何事都要留有餘地，不要把事情做得太絕，這樣即使是造物者的上帝也不嫉妒我，神鬼也不會傷害我。假如對一切事物都要求到盡善盡美的地步，一切功勞都希望達到登峰造極的境界，即使不為此而發生內亂，也必然為這些而招致外來的忌恨或攻擊。

爲人處世應處處講究恰當的分寸。常言道：「物極必反」，「水滿則溢」。這裡面告訴我們一個道理，當我們在處理問題時，要留下一點轉圜的餘地。一根鐵絲做成的彈簧是有彈性的，但是，如果我們不顧及彈簧彈性的最大承受力，過於用力拉拽它，那麼最終的結果是彈簧的彈性會削弱消失。所以，我們做事情要考慮自己的能力所及，盡量做到量力而行，量體裁衣，留有餘地。

美國一位心理學家進行了一項調查，作爲其研究工作效果、如何贏得別人的支持和維護情緒健康的一個環節。他向一百五十名每年收入一到十五萬美元的推銷員提出一系列問題，結果發現，他們之中約有百分之四十是屬於追求完美的人。可以預料的是，這百分之四十的人所受的壓力，比其餘那些不追求完美的人要大得多。但他們的成就是否更大呢？說來奇怪，答案卻是否定的。這些追求完美的人在生活中顯然較常感到焦慮和沮喪，可是沒有任何證據顯示他們的收入較其餘的人爲高。

實際上，追求完美的人由於經常遭遇到挫折和壓力，因此可能降低他們的創作能力和工作效果。

以上所說的「追求完美」，究竟是什麼意思呢？有些人以爭取高水準爲樂，他們要求的是合理的卓越表現，這種健康的追求，並非以上所說的「追求完美」。當然，不重視素質的人根本就難以獲得真正的成就。但「追求完美的人」卻強迫自己勉強達到不可能的目標，並且完全用成就來衡量自己的價值。結果，他們便變得極度害怕失敗。他們感到自己不斷受到鞭策，同時又對自己的成就不滿意。事實證明，強逼自己追求完美不但有礙健康，會引起像沮喪、焦慮、緊張等情緒不安的症狀，而且在工作效率、人際關係、自尊心等方面，亦會自招失敗。

我們必須研究一下，爲什麼追求完美的人特別容易情緒不安，爲什麼他們的工作效率會受到損害？其中一個原因就是，他們以一種不正確和不合邏輯的態度看人生。

追求完美的人最普遍的錯誤想法，就是認爲不完美便毫無價值。比如說，一個每科成績取得甲等的學生，由於在一次考試中有一科拿了乙等成績，因而大感沮喪，認爲那就是失敗。這類想法導致追求完美的人害怕犯錯，而且一旦犯錯後又做出過度的反應。

他們的另一個誤解是相信錯誤會一再重複，認爲「我永遠都不能把這件事做好」。追求完美的人，不會自問能從錯誤中學到什麼，而只是自怨自艾的說：「我真不該犯這樣的錯，我絕不能再犯了！」這種自責態度導致產生一種受挫和內疚的感覺，反而會使他們重複犯同樣的錯誤。

假如做到了「事事要留個有餘不盡的意思」，放棄追求完美的想法和做法，生活就會輕鬆很多，自如很多。

退一步，讓三分

《菜根譚》中寫道：「人情反覆，世路崎嶇。行不去，須知退一步之法；行得去，務加讓三分之功。」意思是說：人世間的人情冷暖是變化無常的，人生的道路是崎嶇不平的。因此，當你遇到困難走不通時，必須明白退一步的為人之道；當你事業一帆風順時，一定要有謙讓三分的胸襟和美德。

老子說：「將欲歙之，必固張之；將欲弱之，必固強之；將欲廢之，必固興之；將欲奪之，必固與之。」（若要將其合上，得先將其張開；若要使其弱，得先使其強；若要將其廢掉，得先將其興起；若要奪取，得先給予。）

老子這句話展現出卓越的辯證思想。它告訴我們，爲了捉住敵人，事先要放縱敵人。這是一種放長線釣大魚的計謀。歷史上，孫臏和田忌賽馬的故事，就是對這一思想的靈活運用。

齊國的將軍田忌經常與齊威王賽馬。他們賽馬的規矩是：雙方各下賭注，比賽共設三局，兩勝以上爲贏家。然而每次比賽，田忌總是輸家。

這一天，田忌賽馬又輸給了齊威王。回家後，田忌把賽馬的事告訴了自己的高參孫臏。孫臏是軍事家孫武的後代，飽讀兵書，深諳兵法，足智多謀，被龐涓謀害殘了雙腿。來到齊國後，很受田忌器重，被田忌尊爲上賓。

孫臏聽了田忌談他賽馬總是失利的情況後，說：「下次賽馬你讓我前去觀戰。」田忌非常高興。

又一次賽馬開始了。孫臏坐在賽馬場邊上，很有興趣的看田忌與齊威王賽馬。第一局，齊威王牽出自己的上馬，田忌也牽出了自己的上馬，結果跑下來，田忌的馬稍遜一籌。第二局，齊威王牽出了中馬，田忌也以自己的中馬與之相對。第二局跑完，田忌的中馬也慢了幾步而落後。第三局，兩邊都以下馬參賽，田忌的下馬又未能跑贏齊威王的馬。看完比賽回到家裡，孫臏對田忌說：「我看你們雙方的馬，若以上、中、下三等對等比賽，你的馬都相應差一點，但懸殊並不太大。下次賽馬你按我的意見辦，我保證你必勝無疑，你只管多下賭注就是了。」

這一天到了，田忌與齊威王的賽馬又開始了。第一局，齊威王出那頭健步如飛的上馬，孫臏卻讓田忌出下馬，一局比完，自然是田忌的馬落在後面。

可是到第二局形勢就變了，齊威王出以中馬，田忌這邊對以上馬，結果田忌的馬跑在前面，贏了第二局。最後，齊威王剩下了最後一匹下馬，當然被田忌的中馬甩在了後面。這一次，田忌以兩勝一負而取得賽馬勝利。

由於田忌按孫臏的吩咐下了很大的賭注，一次就把以前輸給齊威王的都賺回來了不說，還略有盈餘。

田忌以前賽馬的辦法總是一味硬拚，希望一局也不要輸，結果因自己總體實力差那麼一點，總是賽輸了。孫臏則巧妙運用自己的優勢，先讓掉一局，然後保存實力去確保後兩局的勝利，這樣便維持了整體的勝利。

有時，「退一步是爲了進兩步」。一般來說，一時縱敵，百日之患。但是，在特殊情形之下，縱敵不僅無害，反而有益。在敵人被打敗但尚有一定實力時，不要急於進攻，防止敵人垂死掙扎，拚命反撲，給我方造成不應有的損失。這就是兵法上常說的「窮寇勿追」。正確的做法應當是放縱敵人虛留生路，讓敵人看到一線希望，思想麻痺，然後伺機殲滅。

人生之路有高低、有曲折、有平坦，當你遇到挫折時必須鼓足勇氣繼續奮鬥，當你事業飛黃騰達時，不要忘記救助那些窮苦的人，這樣才可以爲你自己消除很多禍患。知退一步之法，明讓三分之功，不僅是一種謙讓的美德，更是一種安身立命的必備方法。

應罷手時且罷手

《菜根譚》中寫道：「進步處便思退步，庶免觸藩之禍；著手時先圖放手，才脫騎虎之危。」「才就筏便思捨筏，方是無事道人；若騎驢又復覓驢，終為不了禪師。」意思是說：當事業順利進展時，就應該早有一個抽身隱退的準備，以免將來像山羊角夾在籬笆裡一般，把自己弄得進退兩難；當剛開始做某一件事時，就要預先策劃好在什麼情況下應該罷手，才不至於以後像騎在老虎身上一般，無法控制形成的危險局面。剛一踏上竹筏，就能想到過河後竹筏就沒用了，這才是懂得事理、不為外物所牽掛的道人；假如騎著驢還在另外找驢，那就變成典型的既不能悟道也不能解脫的和尚了。

古時候，有一個農夫要到另一個村莊辦事，可是當時交通不便，他只能徒步行走。

走啊走，這農夫穿過一大片森林後發現，要到達另一個村子，還必須經過一條河流，不然的話，就得爬過一座高山。

怎麼辦呢？是渡過這條湍急的河流呢，還是辛苦的「爬過高山」？

正當這農夫陷入兩難時，突然看到附近有一顆大樹，於是就用隨身攜帶的斧頭把大樹砍下，將樹幹慢慢的砍鑿成一個簡易的獨木舟。這個農夫很高興，也很佩服自己的聰明，他很輕鬆的坐著自製的獨木舟就到達了對岸。

上岸後，農人又得繼續往前走；可是他覺得，這個獨木舟實在很管用，如果丟棄在岸旁，實在很可惜！而且，萬一前面再遇到河流的話，他又必須再砍樹，辛苦的鑿成獨木舟，很累人。

所以，這農夫就決定，把獨木舟背在身上走，以備不時之需。

走啊走，這農夫背著獨木舟，走得滿頭大汗，步伐也愈走愈慢，因這獨木舟實在是太重了，壓得他喘不過氣來！

這農夫邊走邊休息，有時真的好想把獨木舟丟棄。可是，他卻捨不得，心想，既然已經背了好一陣子，就繼續背吧！萬一真的遇到河流，就很管用了，就可以派上用場！

然而，這農夫一直汗流浹背的走，走到天黑，發現一路上都很平坦；在抵達另一個村莊前，都沒有再遇到河流！

可是，他卻比不背獨木舟，多花了三倍的時間，才到達目的地。

在生活中很多人總是追求或過分看中那些多餘的東西。實際上，擺脫名利的束縛，追求簡單的生活才是更明智的。

有這樣一首小詩：「不捨棄鮮花的絢麗，就得不到果實的香甜；不捨棄黑夜的溫馨，就得不到朝日的明艷。」和自然界一樣，人生也是在捨棄和獲得的交替中得到昇華，從而到達高層次的大境界。不懂得捨棄的人，最終往往一無所獲。

《菜根譚》中還這樣勸誡我們：「人肯當下休，便當下了。若要尋個歇處，則婚嫁雖完，事亦不少，僧道雖好，心亦不了。前人云：『如今休去便休去，若覓了時無了時。』見之卓矣。」

意思是說：人不論做什麼事，應罷手不做時，就要下定決心結束，假如猶豫不決想找個好時機，那就像男女結婚，雖然完成了終身大事，以後家務和夫妻兒女之間的問題還是很多。人們別以為和尙道士好當，其實他們的七情六慾也未必全除。古人說得好：「現在能罷休就趕緊罷休，如果說找個機會再罷休，恐怕就永遠沒了罷休的機會。」這真是一句極高明的見解。

為而不恃，功成而不處

《菜根譚》中寫道：「謝事當謝於正盛之時，居身宜居於獨後之地，謹德須謹於至微之事，施恩務施於不報之人。」「花看半開，酒飲微醉，此中大有佳趣。若至爛漫，便成惡境矣。履盈滿者，宜思之。」意思是說：要退隱應在事業正興盛的時候放下，處身應處在眾人的後面。謹言慎行必須從最小的地方做起，一個人想要幫助別人，應該幫助那些無法回報你的人。賞花以含苞待放時為最美，喝酒以喝到略帶醉意為適宜。這種花半開和酒半醉的狀態，實際上是極高妙的境界。反之，花已盛開而酒已爛醉，那不但大煞風景，而且也活受罪。所以，事業達到巔峰階段的人，最好能深思一下這兩句話的真義。

這裡，《菜根譚》具體的闡釋了道教「功成身退」的處世哲學。老子早在二〇〇〇多年前，就告誡我們，要「爲而不恃，功成而不處」。不管我們爲社會做出了什麼貢獻，都要克服「以功臣自居的驕傲自滿情緒」。

然而，生活中偏偏就有些人，做出一點貢獻、取得一點成績就沾沾自喜，忘乎所以，不可一世，他們也因此而跌跤，受到嚴重的懲罰。下面這個故事就生動的詮釋了這一道理：

有一次，很多老百姓聚集在一個懸崖上面，要架一座獨木橋到對岸的懸崖上。那兩個懸崖之間是一道很深的、水又流得很急的河溝。大家運來了一條又大又堅固的梁木。於是，他們用很粗的繩索捆住梁木的兩端，拉著一端的繩索把梁木下放到河溝裡去，讓一部分人攀著岩石爬下河溝，以便涉水過去，再爬上那邊的懸崖。然後，兩邊的人同時拉著繩索，把梁木拉上去，就可以把橋架好了。

但是，那河溝裡的水實在太急了，那些涉水的人有好幾個被水沖走了，有一兩個就在倉促之間殉了難，其餘的人都退縮了回來。再也不敢向前，而那梁木也快要被水沖走了。看起來，這獨木橋一時是架不起來了。可是，在這些老百姓當中卻有一個人，膽子和力氣都比別人大，他在危急之中特別奮力，在急流中掙扎，拉住梁木，而且終於渡到對面，爬上懸崖，把橋架起來了。這個人立下了大功，大家都很感激，把他尊崇爲英雄。他們拿出大罈的酒和整隻的羊來公宴他，還叫石匠把他的名字刻在河溝旁邊的石壁上。大家做這些事情，都是真心真意的，因爲他們誠心的感激他、尊敬他，而且熱愛他。

不料，這個人竟因此逐漸變得萬分的傲慢，儼然以一個酋長自居了，終於在村莊中橫行霸道起來。大家最初還忍耐著。但有一天，他竟當眾宣言道：「沒有我，你們連一條獨木橋都架不起來！現在，你們看，我就要把它丟進河裡去，看你們怎麼辦！」大家最初還以爲他在開玩笑，而他卻真的提起橋木的一端，「彭」地一下，丟進河溝裡去了。老百姓們真的不能再忍耐了，一齊跑了過去，提起他的雙腳，把他摔進河溝裡去了，而且當天就把刻在石壁上的他的名字也刨掉，重新架起了獨木橋。

對人民立了功，人民自然崇敬你；但如果你就因此蔑視人民，甚至想騎在人民身上而做些損害人民的事情，那麼，人民是不會縱容你的。「爲而不恃，功成而不處」，才是明智的選擇。

喜好虛榮、好大喜功，這是人類天性的弱點，也是招致災禍的常見原因；保持冷靜的態度，謙虛處世、低調做人，就會增加生活中的安全係數，減少別人忌恨和打擊你的可能。

智巧不足恃

《菜根譚》中寫道：「魚網之設，鴻則罹其中；螳螂之貪，雀又乘其後。機裡藏機變外生變，智巧何足恃哉？」意思是說：本來是一張為捕魚而設的網，不料鴻雁竟落在網中；貪婪的螳螂一心想吃眼前的蟬，不料身後卻有一隻黃雀想要吃它。可見，天地之間萬物的道理太奧妙，玄機中還藏有另外的玄機，變幻中又會發生另外的變幻。人的智慧計謀又有什麼可仗恃的呢？

孔子主張「盡人事以聽天命。」對於人來講，不可知的東西太多了，許多事往往用盡心思仍一無所得。而在生活中，所謂「螳螂捕蟬，黃雀在後」的事太多了。任何事物都不是單一存在的，往往一環套一環，牽一髮而動全身。對於物慾的貪求，有時偏偏「有心栽花花不開，無心插柳柳成蔭」。有的時候卻是「機關算盡太聰明」，最終一無所得。

中國人向來對「智」與「愚」持辯證的觀點，《列子・湯問》裡愚公與智叟的故事，就是我們理解智愚的範本。莊子說：「知其愚者非大愚也，知其惑者非大惑也。」人只要知道自己愚和惑，就不算是真愚真惑。是愚是惑，各人心裡明白就足夠了。

有的人外表似乎固執守拙而內心卻世事通達，才高八斗；有的人外表道貌岸然而內心卻空虛惶恐，底氣不足。

人生是個萬花筒，一個人在複雜莫測的變幻之中要以足夠的聰明智慧來權衡利弊，以防失手於人。但是，人有時候不如以靜觀動，守拙若愚。這種處世的藝術其實比聰明還要勝出一籌。聰明是天賦的智慧，糊塗是後天的聰明，人貴在能集聰明與愚鈍於一身，需聰明時便聰明，該糊塗處且糊塗，隨機應變。

在古代上層社會的政治傾軋中，糊塗是官場權力雜耍的基本功。僅以三國時期爲例，就有兩場充滿睿智精彩的表演：一是曹操、劉備煮酒論英雄時，劉備佯裝糊塗得以脫身；二是曹爽、司馬懿爭權時司馬懿佯病巧裝糊塗反殺曹爽。

蘇東坡聰明過人，卻仕途坎坷，曾賦詩慨歎：「人人都說聰明好，我被聰明誤一生。但願生兒愚且蠢，無災無難到公卿。」爲官可以愚，但爲政須清明，對此不可混淆區別。

人生在世，精明一些，固然容易取得成就。精明的人具有才能，能夠做那些別人做不來的事情，而且十分幹練，自然會得到人們的羨慕。但功過得失，他人難免說三道四，道短論長，何必爲此斤斤計較而浪費精力？

「糊塗一點」，會減少很多煩惱！一個人一生當中，不知要和多少人交往，如果遇到無傷大雅、無關原則的事，不妨裝聾作啞一番，豁達大度一些。

爲了既能快速實現自己的目標和理想，又不給自己帶來不必要的麻煩，精明的人應該讓自己顯得糊塗些，把自己的精明掩藏在渾樸與厚實裡來發揮。

糊塗的精明人信奉自己的哲學，踏踏實實地工作，豁達淡泊地生活。他的道路才會越走越寬，人生才會越來越愉悅。

劉睦是東漢明帝的堂侄，自幼好學上進，喜好結交有學問、有道德的名儒，長大後被封爲北海敬王，忠孝慈仁，禮賢下士，深受百姓的愛戴。有一年的年底，他派一名官員去都城洛陽朝賀。臨行前，他問這位官員：「皇帝如果問起我的情況，你怎樣回答呢？」

這位官員說：「您德高望重，忠心耿耿，是百姓的再生父母。下官雖然不才，怎敢不把這些如實稟告？」

劉睦聽後，連連搖頭說：「你如果這樣說，就把我給害了！」這位官員感到很迷惑。

劉睦又對他說：「你見到皇帝後，就說我自從承襲王爵以來，意志衰退，行動懶散，每日只知吃喝玩樂，對正業毫不用心。」

劉睦不想讓皇帝知道他是一個精明能幹的人。因爲在當時，宗室中凡是有志向的人都會受到朝廷的猜忌，一個不小心就可能招來殺身之禍。劉睦故做糊塗人，實在是明哲保身的妙計。

人情世態，不宜認得太真

《菜根譚》中寫道：「人情世態，倏忽萬端，不宜認得太真。堯夫曰：『昔日所云我，今朝卻是伊；不知今日我，又屬後來誰？』人常作是觀，便可解卻胸中罥矣。」意思是說：人情冷暖世態炎涼，真是錯綜複雜瞬息萬變。所以，對任何事都不要太認真。宋儒邵雍說：「以前所說的我，如今卻變成了他；還不知道今天的我，到頭來又變成什麼人？」一個人假如能經常抱著這種看法，就可解除心中的一切煩惱與雜念。

在世事的變化無常面前，人更應保持純真無瑕的心性，拋棄追名逐利的雜念，處理問題適當糊塗些，圓滑些，靈活些，不過分刻板，不過分認真，生活中就會擁有更多的快樂，減少很多不必要的煩惱。

凡讀過《紅樓夢》的人，都會對林黛玉的聰明機敏懷有一定的印象。她進賈府後與姐妹們一起讀書，同師同教，她卻顯得出類拔萃，深得寶玉的青睞，可見天分之高；她每次寫詩總是「一揮而就」，或者「也不思索，只筆一揮，就有了一首」，可見其才思之敏捷。

黛玉不但學習成績好，而且口才敏捷，反應極快。比如，寶琴做了十首懷古詩謎，大家讚好，寶釵卻跳出來說關於《西廂記》和《牡丹亭》那兩首：「到底史書上無考，我們也不大懂得，應該刪去。」黛玉馬上反駁說：「寶姐姐也太矯揉造作了，咱們雖不曾看過這些外傳，不知底裡，連這齣戲也沒聽過？三歲孩子也知道。」這話立刻得到大家贊同。顯然，黛玉與寶釵都讀過這些書，卻心照不宣，都自稱沒看過，不懂，演一齣配合默契的雙簧。

但黛玉比寶姐姐高明的地方是，把知道這故事的來源推到戲上，既保全了自己的淑女名聲，又欣賞了好詩，兩不耽誤。

誰說黛玉沒有心計？她機靈起來比寶釵鳳姐絲毫不差！然而，聰明伶俐的林黛玉在生活中過得並不是很順心，其人生的結局也十分悲慘，這不能不引起我們的反思。

小說《紅樓夢》中有這樣一段，周瑞家的奉命給大觀園的女孩子們送花，她先轉到迎春、探春、惜春等人，最後送給林黛玉，但林黛玉卻冷冷的說：「我就知道，是別人挑剩不要的，我也不要了。」周瑞家的按照先禮後賓的順序，本沒有什麼錯；但林黛玉這麼一說，不免讓周圍的人下不來台。即便周瑞家的真的做錯了什麼，林黛玉就惟獨缺這朵花嗎？不要了又能怎樣？性格如此敏感，自然會在大觀園這個溫柔鄉裡，每天過的都是「一年三百六十五日，風刀霜劍嚴相逼」的日子了。

悲觀者看到的是玫瑰花下的小刺，而敏感的人就像生活在玫瑰園裡，無時無刻不小心翼翼地欣賞著每一朵花。一個生性敏感的人，注定比其他人活得都累。同事竊竊私語，興許說的只是家中瑣事，你偏要覺得他們在針對你，只能給自己增添煩惱。想過得快樂點開心點，就對周圍的一切睜一隻眼閉一隻眼。

還是以《紅樓夢》爲例，那個憨憨的傻大姐整天吃得飽睡得香，即使在最後，一批丫鬟相繼被迫害的時候，傻大姐還是活得很自在，大概「傻人有傻福」就是這個道理。

生活告訴我們，不敏感或不太敏感也許會比較安全。也許，敏感不會傷害到別人，但是最先傷害的，往往正是自己。

人生在世，萬萬不可使某一種心態沿著一個固定方向發展到極端，而應在發展過程中充分認識，冷靜判斷各種可能發生的事情，「活得傻一點」，也是讓自己留下足夠的轉圜餘地。世界上的事情就是這樣，你對生活傻一點，生活也會對你傻一點；你對周圍戒備十足，周圍也會對你戒備十足。

古人說：「難得糊塗。」人生在世，切不可太聰明，太敏感，「活得傻一點」，適當糊塗一些，往往會使人際關係更加簡單，心情更加愉快，生活也更加輕鬆。

做人不可機關算盡太聰明

《菜根譚》中寫道：「富貴家宜寬厚而反忌刻，是富貴而貧賤，其行如何能享？聰明人宜斂藏而反炫耀，是聰明而愚懵，其病如何不敗！」意思是說：一個富貴的家庭待人接物應該寬容仁厚，可是很多人反而刻薄無理，擔心他人超越自己，這種人雖然身為富貴人家，可是他的行徑已走向貧賤之路，這樣又如何能使富貴之路長久的行得通呢？一個聰明的人，本來應該保持謙虛有禮不露鋒芒的態度。反之，如果誇耀自己的本領高強，這種人表面看來好像很聰明，其實他的言行跟無知的人並沒有什麼不同，那他的事業到時候又如何不受挫、不失敗呢！

《紅樓夢》說鳳姐「機關算盡太聰明，反誤了卿卿的性命。」聰明反被聰明誤，就是這個意思。

中國古代的賢哲經常強調，做人要把智巧隱藏在笨拙中，不可顯得太聰明，收斂鋒芒，才是明智之舉，寧可隨和一點也不可太自命清高，要學會以退爲進的方法。這才是立身處世最有用的救命法寶。

在《紅樓夢》中，王熙鳳可以說是一個「精明人」的傑出代表。小說中多處顯現了她過人的精明。比如，小說第四十六回有這樣的情節：鳳姐因邢夫人叫她，不知道是什麼事，就穿戴了一番，坐車過來。

邢夫人將房內人遣出，悄悄的對鳳姐說：「叫你來不爲別的，有一件爲難的事，老爺托我，我不得主意，先和你商議：老爺因看上了老太太屋裡的鴛鴦，要她在屋裡，叫我和老太太討去。我想這倒是常有的事，就怕老太太不給。你可有法子辦這件事？」

王熙鳳萬萬沒想到，婆婆將這樣一件尷尬事推到自己面前。一方面，婆婆交辦的事不好推托；另一方面，鴛鴦是賈母最信任的大丫頭，如果插手此事，肯定會得罪賈母，更了不得。鳳姐想了想，決意自己採取巧妙的辦法，避免介入這件尷尬事。

她對邢夫人笑著說：「依我看，竟別碰這個釘子去。老太太沒了鴛鴦，飯也吃不下去，那裡捨得？太太別惱：我是不敢去的。老爺如今上了年紀，行事不免有點兒背晦，太太勸勸才是。比不得年輕，做這些事無礙。如今兄弟、侄兒、兒子、孫子一大群，還這麼鬧起來，怎麼見人呢？」

王熙鳳企圖用這些話打消邢夫人幫賈赦佔有鴛鴦的念頭。但是，稟性愚弱、只知奉承賈赦以自保的邢夫人不識相，王熙鳳勸她別去碰釘子，她卻先讓王熙鳳碰了釘子。

邢夫人道：「大家子三房四妾的也多，偏咱們就使不得？我勸了也未必依。我叫了你來，不過商議商議，你先說了一篇的不是！也有叫你去的理？自然是我說去。你倒說我不勸！你還是不知老爺的那性子的！勸不成，先和我鬧起來。」

王熙鳳知道再勸下去，婆婆就會對自己有看法，忙將言語做個大幅度調整：「太太這話說的極是。我能活了多大，知道什麼輕重？想來父母跟前，別說一個丫頭，就是那麼大的一個活寶貝，不給老爺給誰？我先過去哄著老太太，等太太過去了，我搭訕著走開，把屋子裡的人我也帶開，太太好和老太太說。給了更好，不給也沒妨礙，眾人也不知道。」

王熙鳳這番話既爲自己脫身，又爲邢夫人出謀劃策。邢夫人見她這般說，便又歡喜起來，說道：「正是這個話了。你先過去，別露了一點風聲，我吃了晚飯就過去。」

鳳姐心裡暗想：「鴛鴦素昔是個極有心胸氣性的丫頭，保不準她願意不願意。我先過去，太太再過去，她要依了，便沒的話說；倘或不依，太太是多疑的人，只怕疑我走了風聲。那時太太見又應了我的話，羞惱變成怒，拿我出起氣來，倒沒意思。不如同著一起過去了，她依也罷，不依也罷，就疑不到我身上了。」這樣做，既避免賈母懷疑她與邢夫人勾結，又避免邢夫人懷疑她從中作梗。

於是，鳳姐兒向邢夫人撒起謊來：「才我臨來，舅母那邊送了兩籠子鵪鶉，我吩咐他們炸了，原要趕太太晚飯上送過來。我才進大門時，見小子們抬車，說：『太太的車拔了縫，拿去收拾去了。』不如這會子坐我的車，一起過去倒好。」邢夫人見鳳姐說的在理，便命人來換衣裳。鳳姐兒忙著扶持了一回，娘兒倆坐車過來。到了賈母住的門口，鳳姐又說：「太太過老太太那裡去，我要跟了去，老太太要問起我過來做什麼，那倒不好。不如太太先去，我脫了衣裳再來。」

邢夫人哪裡知道，王熙鳳以換衣服爲藉口逃離了「是非之地」，自己巧妙的躲開了。

邢夫人先與賈母說了一回閒話，然後到鴛鴦的臥房向鴛鴦攤了牌，結果碰了一鼻子灰。鴛鴦最後哭鬧著來到賈母面前，表示了誓死不離賈母的決心。此時的賈母果然不出所料，氣得渾身打顫，把在場的人不分青紅皂白的臭罵了一頓：「我只剩了這麼一個可靠的人，你們還要來算計！外頭孝順，暗地裡盤算我！剩了這個毛丫頭，見我待她好了，你們自然氣不過，弄開了她，好擺弄我！」邢夫人被賈母數落得滿臉通紅，渾身感覺不自在。

後來，王熙鳳也來到了現場，賈母責怪她幾句，她便用早已想好的幾句中聽的話哄得賈母沒了脾氣。

王熙鳳爲人處世就是這樣的精明，但是，這樣「機關算盡」固然能少吃些眼前虧，但是卻活得太累、太苦，以至於「反誤了卿卿的性命」，落得個英年早逝的下場。

歷史上許多睿智的人都發現，生活中處處精明就會很累，因此，「難得糊塗」的處世哲學才具有了廣闊的市場。

擺正自己的位置

《菜根譚》中寫道：「蓋世的功勞，當不得一個矜字；彌天的罪過，當不得一個悔字。」意思是說：即使有蓋世超人的豐功偉績，也承受不了一個驕矜的「矜」字所引起的反效果，假如居功自傲便會前功盡棄；即使犯了滔天大罪，也擋不住一個「悔」字，只要徹底懺悔，就能贖回以前的過錯。

一個人應該有自知之明，任何時候，任何情況下都應擺正自己的位置，保持自謙上進的特質。一個人的功勞只能代表過去，未來的一切都必須重新開始。所以，我們做人必須切實排除這個「矜」字；反過來，犯下滔天大禍的人，假如能徹底懺悔，洗心革面重新做人，邪念就會全消，罪孽也可能灰飛煙滅。做人最重要的就是時常檢討自己的行爲功過，及時改正自己的錯誤。

齊國的相國晏子有一次外出時，乘坐的馬車正好經過馬車伕的家門。馬車伕的妻子得到了這一訊息後，便在家中打開一條門縫，向外觀望。她本來只是爲了目睹一下當朝相國的風采，卻沒想到同時看到了自己的丈夫在替相國駕車路過家門時，竟是那樣神氣活現的坐在車前的大傘蓋下，洋洋得意地揮舞手中的鞭子，目無行人，昂然前進，好像替相國駕車，自己也成了相國似的。

晚上，馬車伕回到家中，白天那種自我陶醉的情緒還沒有消失呢，妻子就鬧著要與他離婚。這真是一個晴天霹靂，一下子將馬車伕打入了五里霧中，半天摸不著頭緒。他百思不得其解的追問妻子鬧離婚的緣由，妻子餘怒未消的說：「晏子是齊國的當朝相國，學問名望在各國諸侯大臣中間有口皆碑，如雷貫耳。可是，今天我看他坐在車上，儀表端莊，態度謙和，思想深沉，令人起敬。而你只不過是給他駕車的一個馬車伕而已，卻在車上趾高氣揚，不可一世，自以爲多麼了不起，在趕車時竟不把路人百姓放在眼中。像你這樣胸無大志的人，將來怎麼會有出息呢？所以，我要與你離婚！」

妻子的一番數落，使馬車伕發現了自己的淺薄和無知，頓感羞愧萬分，無地自容。從此以後，他徹底改變了自己的生活態度，不僅勤奮好學，而且謙虛謹慎，終於用實際行動贏得了妻子的諒解。

馬車伕的變化引起了晏子的注意，他好奇的探詢其中的奧秘。馬車伕坦誠的將妻子的批評和自己的決心全盤托出，令晏子十分感動。他不僅欣賞馬車伕的妻子志存高遠、超凡脫俗的境界，而且讚佩馬車伕知錯即改、從善如流的精神。後來，晏子在齊國國君的面前推薦這位馬車伕做了大夫。

只有淺薄無知的人，才會沾了點別人的光、得了一點勢，就盲目驕傲。而善於聽從別人的忠告，勇於正視自身的缺點並能認真加以改正的人，才能贏得別人的接納和尊重，才能夠有所成就，有所作爲。

不炫耀自己的才華

《菜根譚》中寫道：「真廉無廉名，立名者正所以為貪；大巧無巧術，用術者乃所以為拙。」意思是說：一個真正廉潔的人，不與人爭名，所以不一定有廉潔的名聲；那些到處樹立名譽的人，正是為了貪圖虛名才這樣做。一個真正聰明絕頂的人，不炫耀自己的才華，看上去反而覺得很笨拙；那些賣弄自己聰明智慧的人，實際上是為了掩飾自己的愚蠢才這樣做。

古人說：「木秀於林，風必摧之。」為人處世必須要謙虛謹慎，盡量低調些。恃才傲物、有了一點點本事就喜歡賣弄的人是愚蠢的，最終只能給自己帶來危害和損失，甚至招致失敗的下場。

某座山飛瀑流泉，樹木繁茂，風景十分秀麗。每年春天過後，滿山遍野都長著野果。說不清是什麼年月，一群猴子來到這山上安家落戶，從此以後，一直過著不愁溫飽、悠然自得的生活。

有一天，吳王帶著隨從乘船在江上遊玩，當他在江兩岸的奇山異峰中發現這風景秀麗的猴山時，感到異常興奮。吳王令隨從在猴山腳下的江邊泊船，帶領他們下船登山。

山上的猴子們往日的平和與寧靜，突然被這麼多上山來的人破壞了。猴們面面相覷，它們嚇得驚慌失措四下逃走，躲進荊棘深處不敢出來。

有一隻猴子卻與眾不同，它從容自得地停留在原地，一會兒抓耳撓腮，一會兒手舞足蹈，滿不在乎地在吳王面前賣弄著它的靈巧。吳王拉開弓，用箭射它，這隻猴子並不害怕，吳王射過去的箭都被它敏捷地抓住了。

吳王有些不耐煩了，便命令隨從們一起去追射這隻猴子。面對這麼多人射過去的箭，猴子難以招架，當即被亂箭射死。

吳王回頭對他的隨從們說：「這隻猴子，倚仗自己的靈巧，不顧場合地賣弄自己，以至於就這樣失去了自己的性命，真是可悲。你們都要引以爲戒，千萬不要恃才傲物，在人前顯示和賣弄自己的一點彫蟲小技。」

老子認爲，大巧若拙是才智技藝達到精湛圓熟的最高境界。他指出，最完滿的東西，好似有殘缺一樣，但它的作用永遠不會衰竭；最充盈的東西，好似是空虛一樣，但是它的作用是不會窮盡的。最正直的東西，好似有彎曲一樣；最靈巧的東西，好似最笨拙的；最卓越的辯才，好似不善言辭一樣。

才智極高的人，學習越深入，見聞越廣博，越感到學海無涯而個人知識有限，因而更加謙虛謹慎，處處收斂鋒芒，從不炫耀和顯現自己。

不像有些才智淺薄的人，不知山外有山，天外有天，一知半解之後，便自吹自擂，目中無人。這就是俗話說的「滿罐不晃蕩，半罐起波浪」。

真正大智大巧的人往往深藏不露，這是對大巧若拙的一種理解。此外，還可以有另外一種理解，即大智大巧者的智慧技巧，經過長期的修養磨練之後，達到樸實、自然、平易的化境，能夠以簡馭繁，寓巧於拙。

大巧若拙是個人修養的一種深沉、含蓄、圓熟的境界。愚中包含著大智慧，拙中包含著大技巧，同淺薄外露的眾生相形成鮮明的對照。

大巧若拙也是一種寓剛於柔、剛柔相濟的理想性格。人的秉性有的剛烈，有的柔順。剛與柔本身難分優劣，而且有互補作用，如果各走極端，就會成爲弱點。古人說：「柔之戒也以弱，剛之戒也以躁。」性情柔順的人要防止軟弱，無主見，無原則，缺乏進取精神和鬥爭精神。

性情剛烈的人要防止暴躁衝動，缺乏耐性和靈活性，缺乏圓融變通的處世方法。人的理想性格應該是剛柔結合，剛中有柔，柔中有剛。尤其是在己方處於弱勢的時候，一定要注意採用韜晦之計。

古代的一些政治家，當自己處於劣勢、面臨被別人吞併消滅的危險時，常常施行「韜晦之計」。韜即韜光，晦爲晦跡。韜晦之計就是收斂鋒芒，把自己的志向、才能、行跡隱藏起來，以免遭受別人的注意和攻擊。

《三國演義》中寫了許多劉備施行韜晦之計的故事。

劉備志在天下，但實力不足，被呂布奪去徐州和小沛，連棲身之地都沒有，只好到許昌投奔曹操。其時曹操挾天子以令諸侯，權傾朝野。劉備雖然受到漢獻帝的倚重，被封爲左將軍，但怕曹操猜忌謀害，於是韜光養晦，在後園種菜。

一天，曹操約劉備飲酒，談論誰是當今的英雄。劉備說了當時的群雄袁術、袁紹、劉表、孫策、韓遂等人。曹操認爲這些人算不得英雄，然後用手指指劉備，又指指自己，說：「現在天下的英雄，只有你和我罷了。」劉備聽後大吃一驚，手中的匙箸不覺落到地上。當時正好有雷聲，劉備才趁機掩飾過去。

劉備在「煮酒論英雄」的過程中，始終是收斂鋒芒，藏而不露，列舉許多人爲英雄，不把自己算入英雄之列。在當時的情況下，他採取這種態度是比較明智的。

曹操雖然看出劉備有「包藏宇宙之心，吞吐天下之志」，但劉備的現實表現令他比較放心，不會對他構成威脅。這樣，劉備才得以乘機逃出曹操設下的籠網，演出後來「三國鼎立」的故事，如果劉備當時自吹自擂，鋒芒畢露，結局可能是另外的樣子了。

在「煮酒論英雄」的開頭，曹操說了關於龍的變化的一段話：「龍能大能小，能昇能隱；大則興雲吐霧，小則隱介藏形，昇則飛騰於宇宙之間，隱則潛伏於波濤之內。方今春深，龍乘時變化，猶人得志而縱橫四海。龍之爲物，可比世之英雄。」這段話可以作韜光養晦、待時而動的註解。

韜光養晦，不僅適用於天下的政治人物，對我們一般人立身處世也是有啓發的。南朝蕭統的《靖節先生集序》中說：「聖人韜光，賢人遁世。」聖人和賢人把自己的名聲和才能隱藏起來，不到處炫耀自己。

老子所說的：「邦之利器，不可以示人。」意思是說，國家銳利的武器不可以隨便向人炫耀；同樣的道理，個人的才能本領也不可以隨便向人炫耀。這樣，才能避免招致那些不必要的麻煩。

大智惹愚，大巧若拙

《菜根譚》中寫道：「鷹立如睡，虎行似病，正是它攫人噬人手段處。故君子要聰明不露，才華不逞，才有肩鴻任鉅的力量。」意思是說：老鷹站在那裡像睡著了，老虎走路時像有病的樣子，這就是它們準備捉人吃人前的手段。所以，君子要聰明不顯露，才華不自逞，這樣才有肩負重大使命的毅力和能量。

中國古代的道家和儒家都主張「大智若愚」，而且要「守愚」。大智若愚的人給人的印象是：虛懷若谷，寬厚敦和，不露鋒芒，甚至有點木訥。其實在「若愚」的背後，隱含的是真正的大智慧大聰明。洪武年間，朱元璋手下的郭德成就是這樣一位聰明得讓人不以爲聰明的人。

當時的郭德成，任驍騎指揮，一天，他應召到宮中，臨出來時，明太祖拿出兩錠黃金塞到他的袖中，並對他說：「回去以後不要告訴別人。」面對皇上的恩寵，郭德成恭敬的連連謝恩，並將黃金裝在靴筒裡。

但是，當郭德成走到宮門時，卻又是另一副神態，只見他東倒西歪，儼然是一副醉態，快出門時，他又一屁股坐在門檻上，脫下了靴子——靴子裡的黃金自然也就露了出來。

守門人一見郭德成的靴子裡藏有黃金，立即向朱元璋報告。朱元璋見守門人如此大驚小怪，不以爲然的擺擺手：「那是我賞賜給他的。」

有人因此責備郭德成道：「皇上對你偏愛，賞你黃金，並讓你不要跟別人講，可你倒好，反而故意露出來鬧得滿城風雨。」

對此，郭德成自有高見：「要想人不知，除非己莫爲。你們想想，宮廷之內如此嚴密，藏著金子出去，豈有別人不知之道理？別人既知，豈不說是我從宮中偷的？到那時，我怕渾身長滿了嘴也說不清了。再說，我妹妹在宮中服侍皇上，我出入無阻，怎麼知道皇上是否以此來試一試我呢？」

現在看來，郭德成臨出宮門時故意露出黃金，確實是聰明之舉。恰如郭德成所言，到時的確有口難辯，而且從朱元璋的為人看，這類試探的事也不是不可能發生。郭德成的這種做法，與一般意義上的大智若愚又有所不同，他不只是裝傻，而且預料到可能出現的麻煩，防患於未然。

人有聰明人和糊塗人之分；同是聰明人，又有大聰明和小聰明之分；同是糊塗人，則又有真糊塗和假糊塗之分。

智和愚對人一生命運的影響極大。「聰明一世，糊塗一時」，說聰明人有時也會辦蠢事；「大智若愚，」「難得糊塗」，說確實聰明的人往往表面上愚拙，這是一種智慧人生，真人不露相；而「聰明反被聰明誤」，顯示了耍小聰明者的報應。

「大勇若怯，大智如愚。」這是蘇軾的觀點。他在《賀歐陽少師致仕啓》中說：「力辭于未及之年，退托以不能而止，大勇若怯，大智如愚。」我們可以理解爲對於那些不情願去做的事，可以以智迴避之，本來有大勇，卻裝出怯懦的樣子，本來很聰敏，硬裝出很愚拙的樣子，這樣可以保全自己的人格，同時也不做隨波逐流之事。

放低姿態，收斂鋒芒

《菜根譚》中寫道：「節義之人濟以和衷，才不啟忿爭之路；功名之士承以謙德，方不開嫉妒之門。」

「藏巧於拙，用晦而明，寓清於濁，以屈為伸，真涉世之一壺、藏身之三窟也。」

意思是說：一個崇尚節義的人，對世事的看法容易流於偏激，增添些相互理解的溫和想法加以調劑，才不至於跟人引發意氣之爭；一個功名事業有所成就的人，要保持謙恭和藹的美德，才不會招致人們的嫉妒。做人寧可裝得笨拙一點，不可顯得太聰明，寧可收斂一點不可鋒芒太露，這才是明智之舉；寧可隨和一點也不可太自命清高，寧可退縮一點，也不可太積極前進，這才是立身處世最有用的救命法寶，安身立命的避禍方法。

中國古人極爲推崇藏巧於拙、韜光養晦的修養功夫。韜光養晦不只是一種生存策略，也是一種美德。一個甘願處於次要位置的人，一個謙卑的人，最後會贏得大家的尊重和愛戴，這樣的人在領導位置上也能好好的服務他人。而一個驕傲的人，一個鋒芒畢露的人，常常因爲無法接納他人的意見，從而失去他人的支持，最終常常被降到卑賤的地步。所以說，謙卑對一個人很重要。

在秦始皇陵兵馬俑博物館，有一尊被稱爲「鎮館之寶」的跪射俑。它被稱爲兵馬俑中的精華，中國古代雕塑藝術的傑作。

仔細觀察這尊跪射俑你會看到：它身穿交領右衽齊膝長衣，外披黑色鎧甲，脛著護腿，足穿方口齊頭翹尖履，頭綰圓形髮髻，左腿蹲曲，右膝跪地，右足豎起，足尖抵地，上身微左側，雙目炯炯，凝視左前方，兩手在身體右側一上一下作持弓弩狀。

跪射的姿態古稱之為坐姿。坐姿和立姿是弓弩射擊的兩種基本動作。坐姿射擊時重心穩，用力省，便於瞄準，同時目標小，是防守或設伏時比較理想的一種射擊姿勢。

秦兵馬俑坑至今已經出土清理各種陶俑一百多尊，除跪射俑外，其他的都有不同程度的損壞，需要人工修復。而這尊跪射俑是保存最完整的，是唯一一尊未經人工修復的。仔細觀察，就連衣紋、髮絲都還清晰可見。

跪射俑何以能保存得如此完整？

專家說，這得益於它的低姿態。首先，跪射俑身高只有十二米，而普通立姿兵馬俑的身高都在十八到一百九十七米之間。天塌下來有高個子頂著，兵馬俑坑都是地下坑道式土木結構建築，當棚頂塌陷、土木俱下時，高大的立姿俑首當其衝，低姿的跪射俑受損害就小一些。

其次，跪射俑作蹲跪姿，右膝、右足、左足三個支點呈等腰三角形支撐著上體，重心在下，增強了穩定性，與兩足站立的立姿俑相比，不容易傾倒、破碎。因此，在經歷了兩千多年的歲月風霜後，它依然能完整的呈現在我們面前。

爲人處世要學會內斂，少出風頭，不爭閒氣，專心做事，保持謙卑的姿態，避開無謂的紛爭，就能避開意外的傷害，更好的發展自己。

說話要講方式方法

《菜根譚》中寫道：「十語九中未必稱奇，一語不中，則愆尤駢集；十謀九成未必歸功，一謀不成則訾議叢興。君子所以寧默毋躁、寧拙毋巧。」意思是說：即使十句話能說對九句，也未必有人稱讚你；但是假如你說錯了一句話，就會遭受別人的指責。即使十次計謀你有九次成功，也未必得到獎勵；可是其中只要有一次計謀失敗，埋怨和責難之聲就會紛紛到來。所以，有修養的君子寧肯沉默寡言，不是經過深思熟慮的話不隨便亂說，絕不衝動急躁；做事寧可顯得笨拙一些，也絕不自作聰明，顯得高人一等。

說話直爽常被人們當作是一種優點。但在生活中，卻有這樣一種現象，同樣是直來直往的人，有的人處處受到歡迎；而有的人卻處處得罪人，人們都不願意與他交往。

這就涉及到講話的方式方法的問題上。聰明的人懂得，直爽並不等於言語毫無顧忌，只圖一時之快，不講方式方法。而那些因說話直而得罪人的人，問題就出在方式方法上。

有的人講話不分場合，比如批評別人，雖然你心地坦白，毫無惡意，但因為沒考慮到場合，使被批評者下不了台，面子上過不去，一時難以接受。對方的自尊心被傷害，當然會對你有意見。再有一種情況，可能平時說話時沒有注意，觸動了別人的短處或隱私，無意之中也得罪了人。

一旦知道自己說話直得罪了人，就要找機會真誠的向對方道歉，取得諒解。如果你是在公共場合傷了他的自尊，你不妨在原來聽到的人都在場的情況下，巧妙的以意義相反的話抵消前面話的副作用，對方見你已經改正錯誤，自會諒解你。

不過，如果你一向說話很直，經常得罪人，你千萬不要依靠道歉來取得別人的原諒。因爲如果你經常傷害一個人，又經常向他道歉，他一定會認爲你是口是心非的或是有意傷害他。

你不妨回過頭來檢討一下自己：是不是忽略了場合，說話方式是不是觸及了別人的隱私？同樣是提意見，爲什麼不以好的方式達到預期的效果呢？說話時先爲對方著想，不要動輒以教訓的口吻指責別人，要注意維護對方的自尊。這樣你才能成爲一個受歡迎的直率人。

另外，特別需要指出的是，不能在背後議論別人。中國有句俗話：「寧在人前罵人，不在人後說人。」這個意思就是說，別人有缺點有不足之處，你可以當面指出，令他改正，但是千萬別當面不說，背後亂說，這樣的人，不僅會令被說者討厭，同樣也會令聽說者討厭。

俗話說：「誰人背後無人說，誰人背後不說人。」這話雖然說得有些絕對，卻也說明了一個道理，那就是，大多數人都多多少少的在背後說過別人，只是所說的是好話還是壞話就無從考證了。不過有一點，經常在背後說別人壞話的人，肯定不會是受歡迎的人。因爲凡是有點頭腦的人，都會自然而然的這麼想：「這次你在我面前說別人的壞話，下次你就有可能在別人面前說我的壞話。」這樣一來，你在別人的印象中就不可能好到哪裡去。因此，說話注意把握分寸是非常重要的。

說話要區分對象

《菜根譚》中寫道：「遇沉沉不語之士，且莫輸心；見悻悻自好之人，應須防口。」意思是說：假如你遇到一個表情陰沉，不喜歡說話的人，千萬不要一下就推心置腹表示真情；假如你遇到一個自以為了不起又固執己見的人，你就要小心謹慎盡量不和他說話。

俗話說：「一言可以興邦，一言可以亂邦。」所以，老於世故的人，說話前總是會看對象。在一般情況下，可以不開口的，就盡可能做到三緘其口。

在現實生活中，正人君子有之，奸佞小人有之；既有坦途，也有暗礁。在複雜的環境下，不注意說話的內容、分寸、方式和對象，往往容易招惹是非，授人以柄，甚至禍從口出。

因此，說話小心些，爲人謹慎些，使自己置身於進可攻、退可守的有利位置，牢牢的把握人生的主動權，無疑是有益的。

況且，一個毫無城府、喋喋不休的人，會顯得淺薄俗氣、缺乏涵養而不受歡迎。西方有句諺語說得好：上帝之所以給人一個嘴巴，兩隻耳朵，就是要人多聽少說。

隨便說話的害處是非常多的。比如某君有不可告人的隱私，你說話時偏偏在無意中說到他的隱私，言者無心，聽者有意，他會認爲你是有意跟他過不去，從此對你恨之入骨。

他做的事，別有用心，極力掩飾不使人知，如果被你知道了，必然對你非常不利。如果你與對方非常熟悉，絕對不能向他表明你絕不洩密，那將會自找麻煩。唯一可行的辦法，只有假裝不知，若無其事。他有陰謀詭計，你卻參與其事，代爲決策，幫他執行，從樂觀的方面來說，你是他的心腹，而從悲觀的方面來說，你是他的心腹之患。你雖然謹守祕密，從來不提及這件事，不料另有人識破陰謀，對外宣告，那麼你無法逃掉洩露的嫌疑。你只有多多親近他，表示自己並無二心，同時設法偵察洩露這個祕密的人。

對方對你並不十分信任，你卻極力討好他，爲其出謀劃策，假如他採用你的話，而試行的結果並不好，一定會疑心你有意在捉弄他，使他上當。即使試行結果很好，他對你也未必增加好感，認爲你只是偶然發現，不能算是你的功勞，所以，你在這個時候還是不說話爲好；對方獲得了成功是由於採納了你的計策，而他又是你的領導，那麼他必然會怕好名聲被你搶去，內心惴惴不安。

你知道這一情況後，就應該到處宣揚，逢人便說，極力表示這是領導的計謀，是領導的遠見，一點也不要透露你曾經出了什麼力量。

你有得意的事，就該與得意的人談；你有失意的事，就應該和失意的人談。說話時一定要掌握好時機和火候，不然的話，一定會碰一鼻子灰，不但目的達不到，而遭冷遇、受申斥也是意料中的事。有些奸佞小人，巧妙地利用了別人在說話時機、場合上的失誤，拿他人當槍使，以達到損人利己的目的。

有句老話叫做「禍從口出」。爲人處世一定要把好口風，什麼話能說，什麼話不能說，什麼話可信，什麼話不可信，都要在腦子裡多繞幾個圈子，心裡要有個數。害人之心不可有，防人之心不可無。一旦中了小人的圈套爲其利用，後悔就來不及了！

每個人都有自己的祕密，都有一些壓在心裡不願爲人知的事情。同事之間，哪怕感情不錯，也不要隨便把你的事情、你的祕密告訴對方，這是一個不容忽視的問題。

你的祕密可能是私事，也可能與公司的事有關，如果你無意之中告訴了同事，很快，這些祕密就不再是祕密了。它會成爲公司上下人人皆知的故事。這樣，對你極爲不利，至少會讓同事多多少少對你產生一點「疑問」，而對你的形象造成傷害。

還有，你的祕密，一旦告訴的是一個別有用心的人。他雖然不可能在公司進行散播，但在關鍵時刻，他會拿你的祕密作爲武器回擊你，使你在競爭中失敗。

因爲一般說來，個人的祕密大多是一些不甚體面、不甚光彩甚至是有很大污點的事情。這個把柄若讓人抓住，你的競爭力就會大大的削弱了。

身爲某公司總經理的查爾斯先生說過：「之所以要講究說話的技巧，

是因爲許多人常常不假思索就信口開河，因而導致種種不良的後果。」

他還說：「爲了達到目的，說話時必須力求簡單明瞭而且有說服力。但最重要的是，該說則說，不該說則不說，不瞭解的事就不該說，甚至突然想起的話題，也應該盡量避免向朋友提及。」

說話應講究「忌口」

《菜根譚》中寫道：「口乃心之門，守口不密，洩盡真機；意乃心之足，防意不嚴，走盡邪蹊。」意思是說：口是心靈的大門，假如大門防守不嚴，內中機密全部洩露；意志是心的雙腳，假如意志不堅定，就會像跛腳一般走入不正當的小路。

有的人口齒伶俐，在交際場上口若懸河、滔滔不絕，這固然是不少人所嚮往的。但是，假若口無遮攔，說錯了話，說漏了嘴，也是很難補救的，所以，說話應講究「忌口」。否則，若因言行不慎而讓別人下不了台，或把事情搞砸，是不禮貌的，也是不明智的。因此，在與人交談時必須注意。

一、不要探問別人的個人隱私

熱衷於打聽別人隱私的人是令人討厭的。在西方人的應酬中，「探問女士的年齡」被看成是最不禮貌的習慣之一，所以西方人在日常應酬中可以對女士毫無顧忌的大加讚賞，卻不去過問對方的年齡。

人們似乎都有一大愛好，那就是特別注意他人的隱私，而且尤以注意名人的隱私爲重。那些街頭小報一旦出現了一篇有關某某名人的隱私，如「某某離婚揭秘」、「某某情變內幕」之類，就容易被哄搶一空。

在與人交往中，爲了避免引起別人的不快，一定要避免探問對方的隱私。在你打算向對方提出某個問題的時候，最好是先在腦中想一想，看這個問題是否會涉及到對方的個人隱私，如果涉及到了，要盡可能的避免，這樣對方不僅會樂於接受你，還會爲你在應酬中得體的問話與輕鬆的交談而對你留下好印象，爲繼續交往打下了良好的基礎。

具體的說，在日常應酬中，涉及隱私的主要有以下幾個方面：女士的年齡；工作情況及經濟收入；家庭內務及存款；夫妻感情；身體（疾病）情況；私生活；不願公開的工作計劃；不願意爲人所知的隱秘，等等。

二、不能當眾揭對方的隱私和失誤

有人喜歡當衆談及對方隱私、失誤，心理學研究證明：誰都不願把自己的失誤或隱私在公衆面前「曝光」，一旦被人曝光，就會感到難堪而惱怒。因此在交往中，如果不是爲了某種特殊需要，一般應盡量避免接觸這些敏感地帶，免得使對方當衆出醜。必要時可採用委婉的話，暗示你已知道他的失誤或隱私，讓他感到有壓力而不得不改正。知趣的、會權衡的人只須「點到即止」，一般是會顧全自己的顏面而悄悄收場的。當面揭短，讓對方出了醜，說不定會惱羞成怒，或者乾脆耍賴，出現很難堪的局面。

至於一些純屬隱私、非原則性的錯處，最好的辦法是裝聾作啞，千萬別去追究。

三、不能故意渲染和張揚對方的失誤

在交際場上，人們常會碰到這類情況，講了一句外行話，念錯了一個字，搞錯了一個人的名字，被人搶白了兩句等等。這種情況，對方本已十分尷尬，深怕更多的人知道。你如果作爲知情者，一般說來，只要這種失誤無關大局，就不必大加張揚，故意搞得人人皆知。更不要抱著幸災樂禍的態度，以爲「這下可抓住你的笑柄了」，來個小題大做，拿人家的失誤來做取笑的笑料。這樣做不僅對事情的成功無益，而且由於傷害了對方的自尊心，你將結下怨敵。同時，也有損於你自己的社交形象，人們會認爲你是個刻薄饒舌的人，會對你反感、有戒心，因而敬而遠之。所以，渲染他人的失誤，實在是一件損人而又不利己的事。

四、要給對方留點餘地

在社交中，有時遇到一些競爭性的活動，比如下棋、乒乓球賽等，儘管只是一些娛樂性活動，但人的競爭心理總是希望成爲勝利者，一些「棋迷」、「球迷」就更是如此。有經驗的社交者，在自己取勝把握比較大的情況下，往往並不把對方搞得太慘，而是適當的給對方留點面子，讓他也勝一兩局。尤其在對方是老人、長輩的情況下，你若窮追不捨，讓他狼狽不堪，有時還可能引起意想不到的後果，讓你無法收拾。其實，只要不是正式比賽，作爲交流感情、增進友誼的活動，又何必釀成不愉快的局面呢?在其他的事情上也一樣，團體活動中，你固然多才多藝，但也要給別人一點表現自己的機會;你即使足智多謀，也不妨再徵求一下別人的意見。「一言堂」、「獨領風騷」是不利於社交的。

做事宜靈活變通

《菜根譚》中寫道：「做人無點真懇念頭，便成個叫花子，事事皆虛；涉世無段圓活機趣，便是個木人，處處有礙。」「建功立業者，多虛圓之士；僨事失機者，必執拗之人。」意思是說：一個人做人假如沒有一點真情實意，就會變成一個一無所有的乞丐，不論做任何事情都不踏實；一個人生活在世界上如果沒有一點圓通靈活應變的情趣，就像是一個沒有生命的木頭人，不論做任何事情都會碰到阻礙。能夠建大功立大業的人，大多都是能謙虛圓通靈活應變的人，凡是惹事生非遇事坐失良機的人，必然是那些性格執拗不肯接受他人意見的人。

孔子說：有向學之志的人，未必能取得某種成就；取得某種成就的人，未必做每件事都合乎原則；做每件事都合乎原則的人，未必懂得根據實際情況靈活變通。

爲人處世中，「誠信」是個首要原則，當然誠而善只是總體要求，辦事還須靈活，尤其是具體事物應有變通之法，否則就會成爲「執拗之人」，「處處有礙」。

這一天，蘇格拉底像平常一樣，來到熱鬧的雅典市場上。他一把拉住一個過路人說道：「對不起！我有一個問題弄不明白，想向您請教。人人都說要做一個有道德的人，但道德究竟是什麼？」

那人回答說：「忠誠老實，不欺騙別人，才是有道德的。」

蘇格拉底裝作不懂的樣子又問：「但爲什麼和敵人作戰時，我軍將領卻千方百計的去欺騙敵人呢？」

「欺騙敵人是符合道德的，但欺騙自己人就不道德了。」蘇格拉底反駁道：「當我軍被敵軍包圍時，爲了鼓舞士氣，將領就欺騙士兵說，我們的援軍已經到了，大家奮力突圍出去。結果突圍果然成功了。這種欺騙也不道德嗎？」

那人說：「那是戰爭中出於無奈才這樣做的，日常生活中這樣做是不道德的。」

蘇格拉底又追問起來：「假如你的兒子生病了，又不肯吃藥，作爲父親，你欺騙他說，這不是藥，而是一種很好吃的東西，這也不道德嗎？」

那人只好承認：「這種欺騙也是符合道德的。」

蘇格拉底並不滿足，又問道：「不騙人是道德的，騙人也可以說是道德的。那就是說，道德不能用騙不騙人來證明。究竟要用什麼來證明它呢？還是請你告訴我吧！」

那人想了想，說：「不知道道德就不能做到道德，知道了道德才能做到道德。」

蘇格拉底這才滿意的笑起來，拉著那個人的手說：「您真是一個偉大的哲學家，您告訴了我關於道德的知識，使我弄明白一個長期困惑不解的問題，我衷心的感謝您！」

美國作家歐·亨利的《最後的一片葉子》中講述了這樣一個故事：一名病人從病房望著窗外，看見窗外一棵樹的樹葉被風一刮，葉子便一片一片地落，而他自己的身體也一天不如一天，便觸景生情，很傷感地說：「當樹葉全部掉光時，我也就死了。」一位老畫家得知之後，就用他畫的樹葉去裝飾樹枝。你看，說謊也能成爲一種維持生命的力量。

人的個性千差萬別，有的含蓄、深沉，有的活潑、隨和，有的坦率、耿直。含蓄、深沉者可以表現出樸實、端莊的美，活潑、隨和者可以表現出熱誠、活潑的美，坦率、耿直者也有透明、純真之美。人生純樸的美是多姿多彩的。在各種美的個性之中，有一種共同的特性，那就是真誠。

真誠的最低要求是不說謊，不欺騙對方。但在複雜的社會和人生活動中，目的和手段要有一定的區別。醫生為了減輕病人的痛苦，以利於治病救人，往往向病人隱瞞病情，編造一套謊話給病人。這樣才能使病人早日康復。但是，我們要把握住一點，真誠的核心和靈魂是利他，也就是與人為善。如果對別人來說，「謊話」更適宜和容易接受，又不會傷害任何人的利益，我們不妨放棄對「完全誠實」的固執；但在任何時候，都絕不能為了個人利益而放棄誠實。那些經常為私利表現不誠實的人是不會獲得成功的。

不要試圖得到所有人的歡心

《菜根譚》中寫道：「飽諳世味，一任覆雨翻雲，總慵開眼；會盡人情，隨教呼牛喚馬，只是點頭。」意思是說：一個飽經人世風霜的人，任憑人情冷暖世態炎涼的反覆變化，都懶得再睜開眼睛去過問其中的是非；一個看透了人情世故的人，對於世間的一切譭謗讚譽都無動於衷，不論人們隨意對他呼牛喚馬一般的吆喝，都會若無其事點點頭。

一位哲人在談及成功的問題時說：「我不知何謂成功，但我知道失敗是什麼。失敗就是想要討每個人的歡心。」

從前，有一位畫家想畫出一幅人人見了都喜歡的畫。畫完了，他拿到市場上去展出。畫旁放了一支筆，並附上說明：每一位觀賞者，如果認爲此畫有欠佳之筆，均可在畫中著上記號。

晚上，畫家取回了畫，發現整個畫面都塗滿了記號——沒有一筆一劃不被指責。畫家十分不快，對這次嘗試深感失望。

畫家決定換一種方法去試試。他又摹了一張同樣的畫，拿到市場展出。可這一次，他要求每位觀賞者將其最爲欣賞的妙筆都標上記號。當畫家再取回畫時，他發現畫面又被塗遍了記號。——一切曾被指責的筆劃，如今卻都換上了讚美的標記。

「哦！」畫家不無感慨的說道，「我現在發現了一個奧妙，那就是：我們不管幹什麼，只要使一部分人滿意就夠了；因爲，在有些人看來是醜惡的東西，在另一些人眼裡則恰恰是美好的。」

我們爲人處世的方式經常按別人的反應來決定，而不是按照自己的意願去行動。尤其是在向「成功」、「幸福」之類美麗的字眼跋涉的路上，一切似乎已經有了約定俗成的標準。

一旦尋求讚許成爲一種需要，做到實事求是幾乎就不可能了。如果你感到非要受到誇獎不行，並常常做出這種表示，那就沒人會與你坦誠相見。同樣，你不能明確的闡述自己在生活中的思想與感覺，你會爲迎合他人的觀點與喜好而放棄你的自我價值。

你可能花費了大量時光竭力贏得他人的讚許，或因得不到讚許而憂心忡忡。如果尋求讚許已成爲你生活的一種需要，那麼你現在就該做些事了。首先，你應該認識到：尋求讚許與其說是生活之必需，不如說是個人之慾望。當然，我們都願意博得掌聲、聽到讚揚或受到稱頌。誰不願意如此呢？在精神上受到撫慰會給人一種美妙的感覺，而且也的確沒有必要在生活中放棄這種享受。讚許本身無損於你的精神健康；事實上，受到恭惟是十分令人惬意的。尋求讚許的心理只有在成爲一種需要、而不僅僅是願望時，才成爲一個迷思。

如果你希望得到讚許，那僅僅是樂於得到他人的認可。但如果你需要讚許，那麼你在未能如願以償時便會十分沮喪。這正是自我挫敗因素之所在。同樣，當尋求讚許成爲一種需要時，你就會將自己的一部分價値奉獻給「外人」，因爲你必須得到他人的讚許。假如這些人提出反對意見，你就會產生惰性（即使是輕微的惰性）。在這種情況下，你是在將自我價値置於別人的控制之下，由他們隨意抬高或貶低。只有當他們決定給你施捨一定的讚許之辭時，你才會感到高興。

需要得到他人的讚許就夠糟糕的了，然而如果在每件事上都需要得到每一個人的讚許，這就更糟糕了。如果是這樣，你勢必會在生活中遇到許多痛苦和煩惱。此外，你會慢慢建立起一種平庸的自我形象，隨之產生的便是自我否定心理。

毫無疑問，你要在生活中有所作爲，就必須完全消除需要得到讚許的心理！它是精神上的死胡同，它絕不會給你帶來任何益處。人在生活中必然會遇到許多反對的意見，這是現實生活，是你爲「生活」付出的代價，是一種完全無法避免的現象。

不可人云亦云

《菜根譚》中寫道：「毋因群疑而阻獨見，毋任己意而廢人言，毋私小惠而傷大體，毋借公論以快私情。」意思是說：不要因為大多數人都疑惑就放棄自己的獨特見解，也不要太固執己見而忽視別人的忠實良言，不可因個人私利，在背地裡施小恩小惠籠絡人心而傷害整體利益，更不可以假借社會大眾的輿論，來滿足自己的私人願望，發洩個人不滿。

事物是相對的，什麼事一旦過度便變質，人固然要有從善如流的習慣，但決不能「人云亦云」。所謂「千人盲目一人明，眾人皆醉我獨醒」，多數人的意見有時未必合乎真理，一個人的意見也不一定就是錯誤的，如果自己確信，就可以排除別人的疑問。有時，真理在少數人手中，該堅持的原則決不可動搖。不過，有時自己的見解也未必高明，那時就要本著謙遜的態度多聽聽人家的話。擇善固執與固執己見二者的分際非常微妙，如何取捨就完全仰賴自己的智慧了。一個人的能力，往往表現在能明辨是非，識大體，在眾多議論中保持清醒的頭腦和冷靜判斷力。

從前有個盲人，因為自己看不見，總是擔心人家會笑話他，所以一舉一動一言一行總是力求和人家一致，以表示自己並沒有什麼不如別人的地方。

夏天暑熱，到了傍晚的時候，大家都愛到村頭的一棵大榕樹下面去乘涼，這個盲人也不例外。大夥兒坐在樹下面搖搖扇子、講講故事，倒也其樂融融。

這天黃昏的時候，盲人又來到樹下，和人們一起享受著樹陰下的徐徐涼風，很是愜意。不遠處的一棵樹上，兩個孩子正在掏知了，人們便都饒有興趣的瞧著。只見後面的孩子伸出沾滿樹膠的木棍想去粘知了，剛伸過去，沒料到前面的孩子猛然一回頭，好像想開口說點什麼，卻被弄了一鼻子一臉的樹膠，哭喪起臉，張開的嘴也忘了閉上，樣子滑稽極了。看到這裡，大家不禁一起大笑起來，有的合不攏嘴，有的捂著肚子直不起腰來，有的連眼淚也笑了出來。

盲人正乘著涼，忽然聽到一陣笑聲，心裡納悶：他們笑什麼呢？不管，我也跟著笑吧！於是就不管三七二十一也大笑起來。大伙見他也笑，非常奇怪，就問他說：「你看見什麼了，也在笑？」盲人邊笑邊說：「你們所笑的，一定很好笑。」這下，大伙笑得更厲害了。

人的觀察能力有所不同，見解也可能有高低之分，但不管怎樣，都不能毫無主見、隨聲附和，企圖掩蓋自己的無知。

讓您讀出屬於自己的品味

他們的故事：名人成長勵志故事

古今中外，許多成功者都曾從勵志故事中獲得人生啟示，激發無限潛能。

本書精選在各個領域中成就非凡、影響深遠的世界名人，以生動的故事形式講述他們的成長歷程。透過他們成長過程中發生的故事，展現出在人生奮鬥的長河中所需要掌握的各種智慧和能力。每一個故事都是一方通向成功之門的鋪路石，為你指引前進的道路……

他們的故事：名人成長奮鬥故事

在你為理想奮鬥的時候，挑戰總是不請自來，而且是波濤洶湧般而來，常常讓你措手不及、無法應對。這個時候，你要做的就是迎難而上……

故事蘊涵著深刻的人生智慧，內容涉及理想、美德、求知、工作、機遇、生活、交友、心態、習慣等多方面，透過對多位世界名人的人生深刻體驗，幫您樹立正確的工作與生活觀念，進而順利適應社會，迎接人生挑戰，成就卓越輝煌的人生。

讀品首選

20幾歲，不該只有這樣

「價格是別人給的，隨時可以拿走；價值卻是自己創造的，任誰也無法帶走。」

許多20幾歲的年輕人最關心的往往不是工作，而是薪酬的多寡和職位的高低。在他們眼中，這些是自己身價的標誌，絕不能低於別人。這些人的眼中永遠沒有好工作，他們只知道向老闆和企業索取，只記得自己能夠得到什麼，卻忘了問一下自己能做什麼，能夠給企業帶來什麼。

20幾歲，一次到位

「人生是沒有意義的，你要為之確立一個意義。」

我們從小就被家長灌輸過人生意義的答案。在此後漫長的歲月裡，老師和各種類型的教育，也都不斷地向我們灌輸人生意義的補充版。但是有多少人把這種外在的框架，當成了自己內在的目標，並為之下定了奮鬥終生的決心？」

讓您讀出屬於自己的品味

獨一無二的
超強**魅力氣場**人脈掌控術

你可以超越愛因斯坦！

把握人脈網撲朔迷離現象背後的密碼！

有的人脈高手會告訴你一個道理：你的命運掌握在別人手裡。其實，這句話後面還隱藏著另一句話：當你學會運用氣場來影響他人時，你的命運就掌握在自己手裡，你就是自己真正的命運之神。

你的**氣場**跟公司合嗎?

氣場可以決定成敗。

利用氣場影響對方潛意識。

零距離！與上司進行無障礙溝通！

正氣場能帶給你完美的人際關係網，負氣場也能毀掉你苦心經營的人脈圈。

摒棄了負面氣場，你才能獲得完美的人際氣場，讓你的人脈之樹永遠長青。

“悅”讀，是遨遊世界的另一種方式。

閱讀，能開闊心靈另一片天空。

讀品首選

老師根本不會教的50件事

一步一步來是做生意的訣竅，但不是交朋友的訣竅；做生意時沒有友誼，交朋友時也不應該做生意。
——萊辛

情商專家研究指出，一個人事業的成功，只有百分之十五是靠智商，另外的百分之八十五是靠情商，而情商的重要方面就是人際關係能力、合作意識和團隊精神。

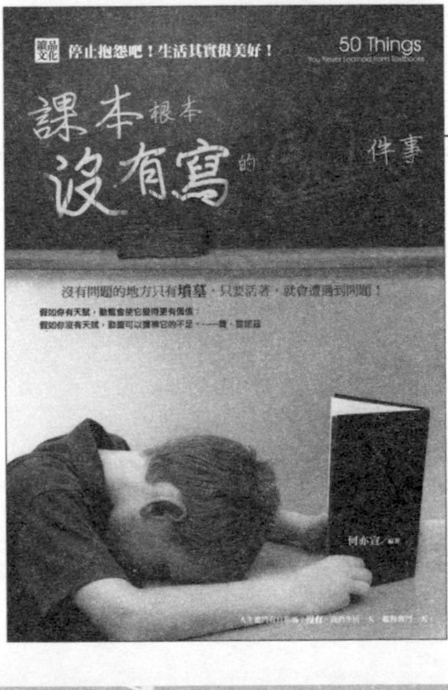

課本根本沒有寫的50件事

沒有問題的地方只有墳墓。
只要活著，就會遭遇到問題！

假如你有天賦，勤奮會使它變得更有價值；假如你沒有天賦，勤奮可以彌補它的不足。
——喬．雷諾茲

“悅”讀，是遨遊世界的另一種方式。

讀者回函卡

■ 謝謝您購買本書，請詳細填寫本卡各欄，對折黏貼並寄回，可享有購書會員優惠，並可不定期收到本出版社之最新資訊。

■ 您也可以使用傳真或是掃描圖檔寄回公司信箱，謝謝。
傳真電話：(02) 8647-3660　　信箱：yungjiuh@ms.45.hinet.net

◆ 姓名：　　□男　□女　　□單身　□已婚

◆ 生日：　　□非會員　　□已是會員

◆ E-Mail：　　電話：(　)

◆ 地址：

◆ 學歷：□高中及以下　□專科或大學　□研究所以上　□其他

◆ 職業：□學生　□資訊　□製造　□行銷　□服務　□金融
□傳播　□公教　□軍警　□自由　□家管　□其他

◆ 閱讀嗜好：□兩性　□心理　□勵志　□傳記　□文學　□健康
□財經　□企管　□行銷　□休閒　□小說　□其他

◆ 您平均一年購書：□ 5本以下　□ 6～10本　□ 11～20本
□ 21～30本以下　□ 30本以上

◆ 購買此書的金額：

◆ 購自：　　市(縣)
□連鎖書店　□一般書局　□量販店　□超商　□書展
□郵購　□網路訂購　□其他

◆ 您購買此書的原因：□書名　□作者　□內容　□封面
□版面設計　□其他

◆ 建議改進：□內容　□封面　□版面設計　□其他
您的建議：

剪下後傳真、掃描或寄回至「22103新北市汐止區大同路三段194號9樓之1讀品文化收」

廣 告 回 信
基隆郵局登記證
基隆廣字第 55 號

2 2 1-0 3

新北市汐止區大同路三段 194 號 9 樓之 1

讀品文化事業有限公司　收

電話/(02)8647-3663　傳真/(02)8647-3660

劃撥帳號/18669219　永續圖書有限公司

請沿此虛線對折免貼郵票或以傳真、掃描方式寄回本公司，謝謝！

讀好書品嘗人生的美味

菜根譚的智慧：苦盡甘來